INK

文學叢書

201

昨夜雪深幾許

陳芳明◎著

目次

〔自序〕

情怯與忘卻

遺忘比記憶還要長，還要寬；長如巨浪，寬如大海。遺忘席捲而來時，鋪天蓋地；揚長而去後，杳然無蹤。遺忘的力量有多大？恐怕不是世間的任何創造所能比擬。創造是從無到有的誕生，遺忘則是從有到無的消失。所有的曾經發生，在遺忘之後，都變成從未發生。遺忘比死亡還可怕，死亡是肉體消逝後，還有可能留下記憶；遺忘則是生命猶存時，一切不復存在。

到達六十歲時，不能不開始面對遺忘的問題。當歲月還在青春華年，幾乎有一種野心要把所有的記憶都保留下來。一張枯萎的葉，一幀泛黃的照片，一首未完成的詩稿，一封被退回的信箋，如果不是存放在抽屜，便是夾在偏愛的書籍。這裡那裡，隨時可以發現逝去的時光。過了很長的日子之後，竟然忘記那片夾在書冊的楓葉是在何時拾起。翻閱日記偶然與殘缺的詩句相遇，卻無法推測當初書寫時的心情。留下的各種標記、暗示，原是爲了備忘，最後都注定付諸遺忘。

年輕時，對於自己的記憶具有無比信心。每當撰寫論文，都可以憑直覺去尋找史料在哪本書的哪幾頁，甚至還可以記住每本書的出版年代與地點。雖然不敢宣稱擁有照相記憶術，對於自己的大腦容量卻帶有幾分自豪。跨過五十歲之際，這樣的信心卻不免發生動搖。尤其是那年從塵封的箱底發現三十年未見的日記，重新閱讀之後，才驚覺那些白紙黑字的記錄在記憶裡竟是一片茫然。確信那些字跡都是屬於年少的自己，但無論如何推想，都無法相信其中的記載曾經在生命中發生過。時間使人產生恐懼，伴隨而來的遺忘更是陌生得可怕。

終於不能不相信，記憶的容量確實有其極限。生命在什麼時候臻於巔峰，如今已不能確知；不過，眞正意識到遺忘襲來時，才迫使自己必須承認，生命早就跨過它的峰頂。眞正感受到遺忘的寬度與長度時，生命已呈傾斜狀態，而且越來越陡峭，以至容許時間挾泥沙俱下，加速帶走欲留未留的記憶。

曾經覺得蒼老將至，卻不知已然降臨。記憶釋手而去時，遺忘就要統治無辜的靈魂。有生以來，第一次在內心暗自提問：什麼是遺忘，什麼是記憶？

記憶應該是肉體的一部分，黏附在骨髓，在肌膚，在血脈，在無意識的某一深處。記憶也應該是具有生命，在心臟裡跳動，在肺葉裡呼吸。或者可以這麼說，記憶是生命的保險櫃，可以使用自己的密碼打開，隨時取出閱讀鑑賞。記憶一息尚存時，生命就會覺得很安全。但是，那樣的安全，並不是終身保險。

在什麼時候什麼地方，遺忘以神秘的方式潛入體內，沿著血管、肌膚，侵入心臟與肺葉，逐漸盤據記憶的版圖。遺忘之來，含蓄而謹愼，無聲無息地滲透、剝離、分裂、遮蔽，讓記憶在安逸的節奏裡次第消失。從來不曾覺得肉體失去了什麼，在回首時，一切竟全然消失，連同記憶的密碼也一併失去，再也打不開生命的保險櫃。

遺忘是一種擦拭的藝術，把靈魂底層累積、沉澱的痕跡擦得乾乾淨淨；比空白的鏡面還明亮，比無波的湖面還平靜，而且不容一絲一毫的倒影。一塵不染的鏡子與湖水，鑑照的是生命中的一無所有。

有時會情不自禁踮起腳尖，極目眺望最早的記憶。三十歲之前的生命經驗，如今已罩上一層蒼茫的霧，只依稀辨認一隻瘦小的靈魂。較爲清晰的影像，大約出現在青春後期的生命階段。必須要到三十歲之後，記憶才逐漸明朗，卻掩飾不住它的殘缺與畸零。就像一張拼圖，由於遺失太多碎片，只能看到模糊的形象與輪廓。過了半生，還能保存一些線索，彌足珍貴。

三十歲，是知識漸臻成熟的生命標記，牽引著後半生的思維模式與價值觀念。在三十年前的另一端，知識所燃起的光與熱，即使到今天還可以感受它的餘溫。三十年來的流離漂泊，地理與心理都同時穿越劇烈的變化，卻未嘗使知識的追求發生斷裂。縱然曾經陷在歷史與文學兩種領域之間的拉扯、掙扎、顛頏，當年的知識訓練與審美原則，對於後來的生命卻仍然釋放無窮盡的暗示。知識的建構，應該都是從那個時期以後，才漸漸有秩序、系統可言。

不能夠與生命發生交感對話，知識就不是知識。知識一旦在靈魂深處造成顫慄與震動，才有可能刻骨銘心地保存下來，因爲它已化成情感的一部分，甚至也滲入骨肉，徹底與生命結合在一起。有了這樣的體悟，才終於明白三十歲以後的記憶爲什麼不容擦拭。記憶原來是伴隨著知識的感應而進入體內，在許多交叉路口，徬徨之際，因爲思考受到點撥，精神獲得提升，使生命發生重要轉折。從此對人間、對世界看得更爲清楚，從此對於情緒上的悲喜才知道如何恰當處理。在知識與情感的基礎上，記憶才有能產生意義。

通過三十歲的閘門，年少時期的狂喜與狂悲慢慢退潮，風停水靜的歲月次第進駐生命。在情緒上保持均衡對稱的狀態，從而舉止進退也有某種的節制，豈非都是在微近中年的階段宣告完成？今天的生命樣貌，應該都是在三十歲初期塑造了雛形。生命中如果有所謂的情調與脾性，想必也都是鑄造於此。

那絕對不是依賴一個人的力量跨過那一道閘門。知識的成長與成熟，當然有待長者與朋輩的扶持。尤其是選擇走上文學的道路，更不可能是反諸求己。文學之路，原是生命中的一個意外，從未在青春時期夢想過。蓄積了足夠的意志才投入文學知識的追逐，需要多少內在的背叛、割捨與猶豫，又需要多少外在的暗示、鼓勵與首肯？終於決心坐下來好好思索這個問題時，才發現有些記憶開始出現模糊混沌的狀態。坐在向晚的窗口，望見滿天夕陽如洶湧的酒色，始知文學如夢不再僅僅是一個夢，而是現實中具體的行動與求索。許多早年的憧憬，如今已都凝鑄成一首詩，一篇散文，一冊專書。生命的質感不斷加深加寬，全然是由於追逐之後，虛幻的夢都被砌成不碎的意志。如果沒有遇見道路上的啓蒙者與提攜者，如果沒有得到他們身教言教的啓示，也許對於文學的信心恐怕不會如此堅定。

在遺忘全面統治之前，鏤刻在記憶裡的線索與痕跡，似乎可以協助重建歷史的現場。論敵帶來的傷害，或是諍友提供的批評，無非都是在劈削靈魂的多餘與殘餘，使思想更趨周延，使審美更臻完整。在六十歲這一年，陸陸續續寫出了二十位人物的形象，都不免是屬於選擇性的記憶與創造性的遺忘。以自己最喜歡的方式保留最佳狀態的印象與感覺，絕對是不符合回憶錄的範式。情怯，是因爲在回想過程中，總是帶著尊崇與敬畏的心情去追索。忘卻，是因爲事情發生過於長久，再也不可能保存最翔實的記憶。無論那年的眞實有多眞實，柔軟的文字與衰弱的思考都不能確切承載。願意以自認爲最恰當的形式來追憶，就可視爲生命的重要環節，是不可分割的靈肉。縱然初入暮年，情感的起伏波動竟然還是不止不息。記憶的力量有多大，於此得到印證。留下的這些記憶，經過書寫後，從此獲得昇華。所有的詛咒化爲祝福，一切的傷害鑄爲勳章，而領受過的喜悅也變成永恆。

二〇〇八年六月十三日　政治大學台灣文學研究所

多少年前的鐘聲

攝影／許鴻潮

多少年前我還坐在齊邦媛老師的課堂聆聽受教時，從來沒有想過多少年後我會跟隨她走上台灣文學研究的道路。那個年代，台灣文學是一個未曾受到首肯的名詞，在學術上還是屬於一個危險的禁區。我記不得與齊老師有過任何關於台灣文學的討論，兩人之間大概也不曾有機會涉及這個議題。那時她是台大外文系的教授，我才只是甫入歷史研究所的學生。她開授的高級英文，是文學院研究生的必修課程。我第一次向她問學，正是始於這門課。

這麼多年之後，當我開始思考追求知識的歷程，總是情不自禁會探問自己的文學師承。一個中國歷史的學徒終於轉向成為文學研究者，想必經歷一些思想啓蒙與學術轉折。記憶容許我能夠確切肯定的，當可追溯到六〇年代後期的余光中教授與七〇年代初期的齊老師。學問的恍惚求索中，最後會偏離史學而選擇了文學研究的方向，我不能不承認是受到兩位長者的點撥指引。彎曲的生命旅路，常常會被安排與許多人與事錯身而過。有些注定是淡漠的，並淪爲遺忘；有些則產生強烈衝擊，終至刻骨銘心。我無法忘懷的，是多少年前齊老師帶給我的文學知識；那樣的師承已不是任何情感所能概括，而是蘊藏著精神的昇華與救贖。每當想起一九七〇年秋天，不期然有一排鐘聲傳送明亮的陽光，隱隱襲進垂晚的胸臆。

多少年前的鐘聲，已不純然是鐘聲，而是青春與詩的隱喻，也是歷史與夢的象徵。坐在椰影窗口的那位青年，前額微仰，橫眉注視，面對一個定義未明的騷動年代。到達齊老師的門牆時，我的年齡正好銜接生命分合的一個起點，也碰巧遭逢政治跌宕的一個路口。我在史學與文學之間的徬徨，恐怕是齊老師在那個時候未能理解的，我停留在最爲惶惑的時刻，台灣社會的命運也正要開始穿越驚濤拍岸的十年。

站在史學研究的立場，我不免是爲政治分擔了一些憂心。然而，我從未忘情大學時代與詩纏綿的喜悅與苦痛。在齊老師的英文教室，我初次嚐到閱讀樂趣的滋味。凡是修過那門課的學生都會記得，在上下兩個學期被要求完成兩冊英文小說的閱讀：一是

齊邦媛（《文訊》雜誌提供）

喬治．歐威爾的《一九八四》，一是赫胥黎的《美麗新世界》。我並不清楚別人的閱讀經驗，至少，對我個人那是第一次神的啓示。

對於文學的耽溺，全然是出自我天生的性情。在十八歲寫出的第一首詩，似乎就已預告畢生的文學追求即將展開。然而，在文學訓練上，並沒有任何一位導師給我啓發、暗示或鞭策。直到遇見齊老師，我才漸漸知道什麼是鑑賞，什麼是批評，什麼是詮釋。在她的學生中，我絕對不屬於優越的行列。那幾年我所寫的詩與詩評，也未嘗讓她有閱讀的機會。我的詩行生澀，個性羞澀，輕易失去了耳提面命的時光。但是，我知道她對我的關心。幾次在文學院長廊相遇，她都主動問起我的閱讀與研究。在內心裡，我刻意避開與她對話。歷史系與外文系之間的距離，於我是無可越渡的鴻溝。縱然如此，齊老師誠然開啓我閱讀英文的興致。她是第一位使我對英文不致產生恐懼的老師。

從秋天到春天，我若有似無讀過了兩冊小說。在她的教室，我喜歡選擇坐在窗口。她專注的解說，使我理解了小說並不必然是小說。她的語言流暢，聲音潤滑，幽默時居多。研究所課程能夠使我發生愉快的並不多，但她的英文講授絕對是喜悅的。有多少微言大義暗藏在歐威爾與赫胥黎的文字深處，坊間學者都以反共文學視之。但是，對於當時受到自由主義啓蒙的我，毋寧是人性探索的經典作品。我對言論自由的嚮往，對思想解放的期待，都是在研究所時期植下根芽。那樣的信仰，無可懷疑，都在齊老師的文學解釋中獲得依靠。

台大的鐘聲在一九七三年把我送出校園時，齊老師正與余光中、何欣、吳奚眞合作編輯《中國現代文學選集》的英譯。那是台灣文學第一次如此大規模被介紹到西方。她常常在教室裡提起，正在大量閱讀台灣的詩、散文、小說。她的言談，似乎透露了一股信心。如今回頭再看，她的信心是有充分理由的。因爲，她的《中國現代文學選集》等於是總結五〇年代與六〇年代台灣文學的藝術成就。書中所收作品的那些作家，已都卓然成爲台灣文學史的經典。那時我還是一位情緒浮躁的文學青年，對於現代詩前輩輕啓不敬之心，而且也留下無數乖張不馴的文字。在一九七三年我忙於投入新詩論戰之際，齊老師已默默翻譯傑出的作品，向國際展現台灣風華。追隨她學習一年，我終究沒有體會到她的用心良苦。

我的世代是屬於焦慮的歷史階段。見證到台灣在國際社會孤立的危機，自然有著不可壓抑的憤懣。我把那樣的怒氣，都透過詩評轉嫁給創造晦澀作品的現代主義詩人。當時我還無法了解情緒與文學批評並不可以等同起來，同時也沒有心情去釐清大環境的的政治劣勢並不可能依賴文學來解決。我把政治與文學混爲一談，甚至粗糙地苛責詩人必須承擔國家的命運。那種幼稚的、近乎病態的文學觀，阻隔了我與齊老師之間的可能對話，甚至也限制了往後我對台灣文學的

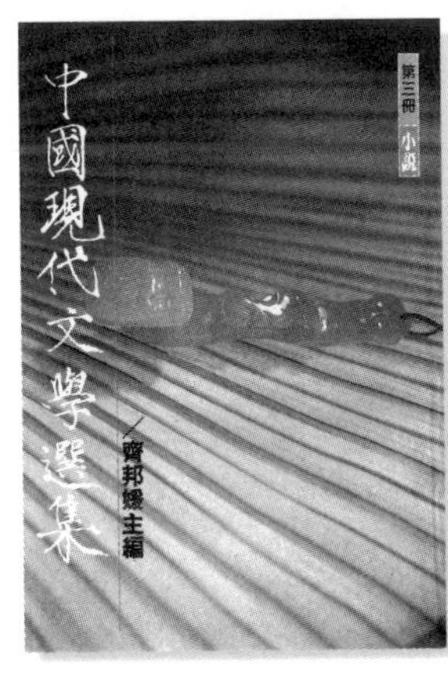

確切認識。

於今看來，當年齊老師完成的《中國現代文學選集》編輯，是台灣的幸運。如果沒有這項計畫的實踐，台灣文學受到的肯定恐怕還要更爲遲晚。雖然書名是以「中國」爲題，內容選擇全然是以台灣爲主體。這套選集正式出版時，我已在海外漂泊遷徙。坐在異域的圖書館，窗外雪地千里，書中帶給我的卻是南國的溫暖陽光。我第一次看到不同世代、性別、族群的台灣作家，都以蟹行文字呈現在外國讀者之前。齊老師序文表達出來的自豪，使我再次聯想到她在講授英文時的那種特殊情調：穩重，熱情，信心。那種氣質，再次顯現於飄洋書籍的紙上。

然而，我所抱持的偏頗文學觀，最後卻引導我選擇與齊老師背道而馳的道路。激情吶喊的七〇年代，負載著我迎向天涯海角，縱然心存台灣，思考中竟不留有文學的影子。由於決心要與威權體制對敵，自年少以來就已眷戀的詩藝與詩論終於被我無情地棄擲。一段荒廢而荒涼的歲月，在生命中罕見地展開。同樣在那個時期，齊老師已著手重新解釋台灣文學的作品。這對我當然構成極大的諷刺。自我放逐於陌生的土地上，艷幟高張地宣稱要回歸台灣，卻全然無知於台灣文學與台灣歷史的眞實。在越洋的報紙上，偶爾發現她的文

攝影／陳文發

字，才深深體會到眞正的土地之愛是無需言宣的。相較之下，我的身段就顯得矯情而虛僞。

一九九〇年冬天，我以思想犯的身分回到台灣，參加一次文學座談。齊老師也蒞臨會場，是我猝不及防的心情泛起一陣悸動。我深信齊老師對我在海外的意識形態與政治信仰瞭若指掌，自然也很清楚我的文學信心已產生動搖。十餘年後的重逢，不免使我有死生契闊的強烈感覺。在她眼中所期待的那位詩情浪漫的青年早已消逝，早已被充滿批判的憤怒形象所取代。也許我在會中對一位大河小說家有了過多的溢辭，齊老師含蓄地回應：「文學的評價需要時間的沉澱。文學自有它獨立的價值，並不會隨著政治起伏。」對於她的學生，顯然還抱著高度的期許。她握著我的手，久久不放，只是在我耳邊低語：能夠回來時，就應該回來。她的叮嚀似乎有雙重意義，不僅提醒我必須回到台灣，也必須回到文學。

臨走時，她持贈我一冊新書《千年之淚》。就在那個時刻，那冊書放到我手上時，她的理解與諒解我已完全明白。「芳明學棣惠存」的字跡，莊重地寫在書的內頁。我一時無法整理內心的語言，只能以著凝注的眼神送她離去。師生之間的無語對話，比起任何召喚都來得強悍有力。我不知道自己何時還會被核准回到台灣，但是捧讀她的書籍時，我已知道自己不會再離開台灣。

齊邦媛贈予陳芳明的《千年之淚》

《千年之淚》的扉頁，印刷著這樣的文字：「獻給父親齊世英先生和他生死不渝的理想」。我對戰後政治史的記憶稍有涉獵，知道齊世英先生參與過五○年代末期雷震先生的組黨運動。他們是台灣自由主義傳統的奠基者，捍衛者，犧牲者。他們啓開了歷史巨幕，爲日後的台灣民主運動暗示了不滅的想像。我可體會齊老師寫下「生死不渝的理想」時的心情，以及這簡短字句背後的微言大義。相較於我這樣的自由主義者，齊老師是位具體行動者，她已經在實踐父親未完的志業。我終於明白她爲什麼對我沒有做出任何苛責，也更加明白她爲什麼鼓勵我必須回到台灣文學。她在書中表達的台灣文學史觀，對九○年代的學界應該是正面的指引。司馬中原與李喬的長篇小說能夠相提並論時，林海音與葉石濤的作品能夠放在同一個時間天秤比較時，齊老師的文學批評已經在突破族群藩籬與性別疆界。她的身體力行，使我見識到什麼是風範與風格。對於我日後的文學史書寫，齊老師的書已經帶來無窮的暗示。

當我還擔任民進黨的發言人時，在好幾次的座談會有過相遇，她從未對我發出負面的言語。但是，她也不曾放棄對我委婉勸告，文學才是最佳抉擇。在埋名隱姓的海外浮沉時期，在噪音喧嘩的政治運動時期，我的內心總是保持高度的孤獨。自我構築起來的那道高牆，已不是任何情感能夠輕易侵入。我能夠開放的，唯齊老師而已。遵聆她的面命，我決絕地離開政治，徹徹底底，毫不眷戀。那是一九九五年秋天，我與我四處漂泊的書籍同時

芳明賢棣，

謝謝你寄来「印刻」上記憶我們師生緣文章，非常欣慰你以高的思想層次回憶我多年對你期許，你若未曾走过那些年的迂迴路，也無法了解我一生從事文學教育的理想。

三十多年前你寫給我的信，字跡俊逸，詩亦有深度，所以我一直認為你該屬文學國度，如今你以歷史手法寫文學創作和研究，最基本的還是文學心靈。

很少人在台灣之前之後看過比我更多的政治興衰，正是因能分辨短暫和不朽，我一直勸有文學才華的人不在政治中消磨，你在文學研究所能做的事多麼寬廣深遠！

我在桃園這裡幾乎是一間純淨的書房，過了八十歲，还在燈下趕寫未了的人生紀事，自己覺得很幸福。我當年至今總希望有緣者提升心靈境界，有你這樣悟得真意的學生，生命永無止息，

無限的祝福！

齊邦媛 二〇〇六年九月

本文於雜誌發表後齊邦媛給陳芳明的信。

疲憊地到達靜宜大學。我開授的第一門課程正是台灣文學史。

三十年的旅程，悲苦多於喜悅，哭泣遠勝歡笑，攜著我走過太多交錯的路口。在那樣冗長的追逐中，政治曾是我僅有的信仰，彷彿是夜裡我專注凝視的星。星的方位，決定旅路的方向。但是，現在我比較確信的是，回到台灣並非只有一條道路，我改弦易轍去面對台灣文學研究的道路，並不意味那一顆星的座標是錯誤的。我只能這樣告訴自己，政治並沒有使我回到眞實的台灣。讓我觸摸到躍動的脈搏，感受到活潑的生命，是曾經受到遺忘的文學。這條道路走得極其艱辛，卻因爲有了齊老師的暗示與召喚，才使我決心走完全程。

多少年前的鐘聲，是詩，是陽光，是未名的隱喻。最初在英文教室開啓閱讀的喜悅時，是不是一種預言已經神祕降臨？從歷史換軌走到文學，冥冥中應該有一股力量在牽引。齊邦媛老師的手勢、叮嚀、低語、呼喚，可能就是那股力量的來源。但是，那已經超越我的智慧所能釐清。我能確定的是，生命中與她相遇是一種幸運，心中浮起的祝福，三十年前的鐘聲也能聽見。

《印刻文學生活誌》二〇〇六年七月號

青春是一張蝕破的葉

攝影／AZU

桌前燈下照映著一疊油墨猶新的書稿，那是隱地寄來的。彷彿是傳遞自遙遠的時空，有一種秋天的氣味，成熟且感傷。靜靜的文字，可能不像退潮後的沙岸，而是等待漲潮的海洋，充滿不安與騷動。我無法想像，隱地年屆七十，究竟是以怎樣的心情，對自己的青春投以專注的回眸？如果那些文字可以化爲聲音，我幾乎聽得見三十年前台北街巷的噪音，在高樓陰影流動的歌曲，在夜色擁擠人群中的車聲，以及壓抑在內心底層的欲望吶喊。

對著舊事一次又一次的凝視，到底是致敬還是追悼，到底是記憶還是遺忘，已是難以分辨。我終於也忍不住整理自己的記憶，重新檢視初識隱地的那個年代。在我文學追求的生涯，一九六八年是一個有著高度暗示的時間點。那年，我還是一位大三的歷史系學生，就已決定出發去寫詩、散文、詩評與書評。同時經營如此不同的文類，注定是產量不豐，質地不佳。不過，這種勇氣卻成爲我年少時期最爲豪華的憧憬。一旦走出去，道路就在面

隱地（攝影／陳文發）

前無限延伸下去。路的另一端，我看到一個陌生的身影，他就是隱地。只有他能夠寬容接受我生澀的思考，也只有他能夠容許我做不同書寫的嘗試。

大學時期正式完成的第一篇書評，就發表在他當時主編的《青溪》。那是我讀完史坦貝克的《製罐巷》（*Canery Row*）中譯本之後，在毫無接觸原典的情況下寫出的讀後感。那年下筆的膽氣，竟有如此輕率。我在月中寄稿，下月初便刊登出來。

對於一個還在投石問路的青年，他給我的鼓勵已超過奢侈一詞所能形容。我受到的寬待還不止於此，日後斷續寫成的散文也都在他編的雜誌發表。這些早期的文字，有一部分收入我的第一冊散文集。封鎖年代的囚禁心情，都容納在這些看似唯美實則粗糙的字句。倘然沒有隱地伸以援手，那樣衰弱的文體也許至今都不能留下絲毫記憶。

以「封鎖年代」來概括我的大學生活，並不使人訝異。那種禁錮的感覺，既是政治的，也是肉體的。六〇年代的政治氣候，極其低迷鬱悶。一場無法命名的戰爭，正在南半

隱地（右起）、瘂弦、桑品載、朱西甯合影。（《文訊》雜誌提供）

島發生；一場災難式的文化大革命，則在古老的中國翻天覆地展開；一場憤怒的反美運動，也在日本大學校園焚燒起來；一場二戰後最大的學生抗議活動，在遙遠的法國巴黎熱情盛放；一場無盡無止的反戰運動，在美國境內吸引大批知識分子全心投入。騷動的地球，混亂的世界，都在台灣境外釀造政治風暴。一九六八年，我和我整個世代的青年，都被牢牢鎖在寧靜無聲的海島。那一個死寂的時期，可以藉《自由中國》與《文星》兩份思想性刊物遭到查禁做爲印證。有時不免會這樣推想，若是我的知識啓蒙發生在一個開放的年代，也許不必然會走上文學的道路。以我這種酷嗜說眞話的性格來看，極有可能在更早的時期就投入政治運動也未可知。在那樣苦惱的年齡，我終於選擇了文學，並且以詩爲最初的出發，這應該是受到政治格局的驅使吧。在欠缺救贖的年代，對我來說，能夠容許自我拯救的，唯文學而已。

文學不僅讓我從政治牢房中逃獄，也讓我從肉體枷鎖中掙脫。在政治保守的社會，身體往往也變成自我的囚籠。在權力高度干涉的六〇年代，各種意識形態與道德規範都對個人的身體進行監視與拷問。我沒有勇氣試探性的禁忌，至少在我的神色表情絕對不會洩露欲望的騷動。一道高牆在我內心築起，抵擋著可能的誘惑挑逗。那是怎樣蒼涼的歲月，政治把我關在青春的外面，性把我鎖在肉體的裡面。嘗試尋找肉體的出口之際，也正是我全心經營各種文體的時候。我尊崇著詩與散文，只因神祕地覺悟了文體在那時期適足取代肉體。

我這些感覺，隱地當能理解。他比我還早到達文學的領域，也更爲成熟地認識他與我所共處的時代。不過，他可能不知道在為我開啓文學之門時，就已拯救了一個瀕於孤絕的靈魂。從他接受我的第一篇文字開始，一種生命的暗示也已在那時刻發生。書寫讓我產生期待，也為我開放神祕的想像。肉體也許可以受到監禁，但是想像一旦擦亮火花，一條遁逃的甬道便隱然浮現。縱然那條出路稍嫌窄迫，卻已足夠讓我在內心與現實之間從容出入。

直到我畢業後的服役期間，每有評論與散文完成時，都會優先寄給他裁奪。那時已經進入一九七〇年，一個暗潮洶湧的危疑時期就要展開。翻閱我那幾年的日記，都可窺見一個惶惑的心靈無法撐起自己去面對時代。日記的扉頁，記錄著一排散文的題目，並一一標以日期。至少有七篇稿件寄給隱地，當我還在花蓮與湖口的軍旅。他總是以最快速度，把刊出文章的當期雜誌寄到營地，喜悅也同時跟著抵達。有幸遇到這樣盡職貼心的編輯，於我自是一種稀罕的創造動力。

我回到台大讀歷史研究所時，選擇宋代中國做為我學術探索的目標。台灣在一九七〇年代逐漸進入動盪的危機，加深了我對歷史的好奇，我暗自做了許多立志，有時甚至夢想要寫一部能夠回應時代的歷史詮釋。在塑造自己成為一位史家的同時，我其實還有一個企圖，希望能夠重新燃起詩的欲望，以分行的藝術來敘述那段時期的波瀾。我與林煥彰、施善繼、蕭蕭、辛牧、蘇紹連、喬林合組龍族詩社，就是發生於七〇年代的第一年。加入詩社後，我對詩的評論，突然具有一種過人的勇氣，對詩的技藝不僅尊崇，而且更加耽溺。

在此之前，總是視詩為業餘的藝術。經由詩的深刻體認，我意識到自己的文學態度有了轉變。藝術必須是專注經營，那是一個自主的世界。縱然《龍族詩刊》只是依季節出版，當我為它撰稿，就保持著神聖的心情。詩彷彿在治療生命裡看不見的傷口，又好像在提升我站立的高度去瞭望世界。對詩的幽微變化，只有我自己明白。詩的力量，把我推進生命的另一階段。

從來沒有人教導我如何去接觸一首詩，自然也不會有人提醒我如何剖析詩的節奏與結構。懷著敬謹的心，我學習以細讀的方式低誦捧在手上的詩。如果不經過誦讀，就找不到任何途徑進入詩。我決定為這冊瘦瘦的詩刊撰寫系列的余光中詩評。細讀或精讀的滋味，就是在這個時期慢慢建立起來。無法忘懷隱地在我文學生涯開始轉變時，又提供了一個恰當的實踐空間。

他在一九七二年九月主編《書評書目》，為台灣文學開啓了一個罕見的批評時代。他是一位小說家，也酷嗜大量閱讀小說。他甚至是一位創造歷史的人，從一九六八年就已致力於「年度小說選」的編選。台灣文學發展過程中會建立年度的文選制度，無疑都是由他一手開創起來。

我開始撰寫詩評時，從來沒有想到他會向我約稿。我最初以為《書評書目》的批評重心是放在小說方面，這份重要的雜誌全然不可能注意到詩的存在。隱地在電話中邀約詩評時，我頗覺興奮，也覺錯愕。

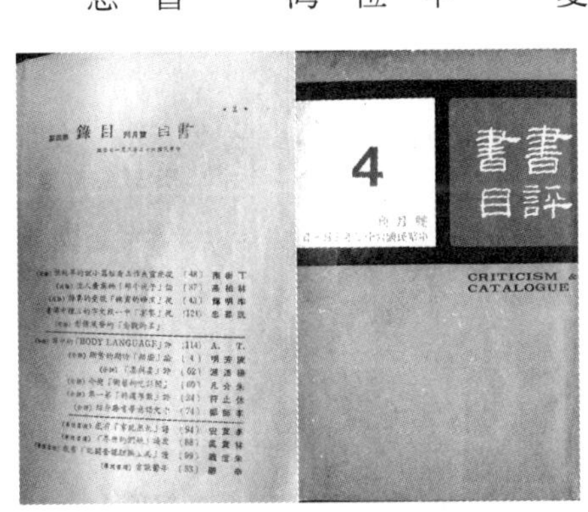

隱地主編的《書評書目》第四期刊出陳芳明的詩論。

那時我是碩士班二年級的研究生，正積極蒐集論文資料。能夠在詩刊以外發表詩評，是我的心願。《書評書目》第四期刊登我所寫兩萬餘字的〈燃燈人：論燈船時期的葉珊〉。隱地把這篇文字放在當期第一篇，自然寓有提攜的意味。一位年僅二十四歲的讀詩青年，突然被推到舞台燈光下，內心不免倉皇，卻也有無以言宣的喜悅。這篇文字後來牽引我與楊牧認識訂交，建立往後三十餘年的友誼。我的第一冊詩評集《鏡子和影子》，也正是楊牧爲我命名並編輯出版。各種因緣連繫，在文學追求中交織出一個時代的溫暖與夢想。隱地當然也不曾發現，其中有一條線是他爲我拉出的。

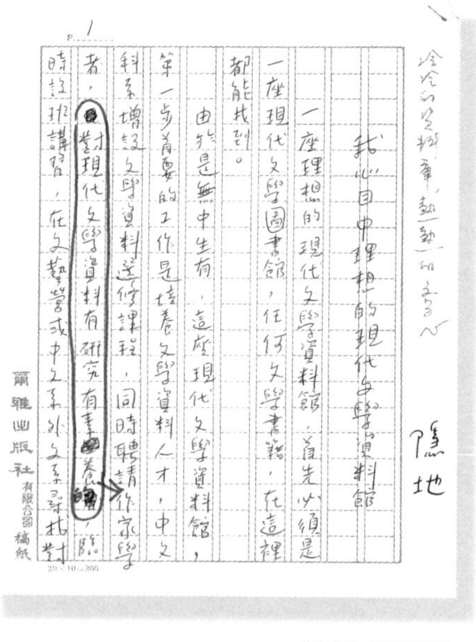

一九七二年的台灣，目睹一場前所未有的新詩論戰。龍族詩社扮演相當關鍵的角色，而我是論戰的投入者。這場論戰發生的原因極其複雜，很難說得清楚。不過從大環境看，國際孤立的危機是刺激詩人反省的重要因素之一。從小格局看，洛夫編選的《中國現代文

《文訊》雜誌提供

學大系・詩選》，也是導火線之一。我那時正處在氣盛階段，在許多刊物同時發表不少火力十足的文字。又是隱地相當寬容地讓我在他的雜誌撰寫一些稍嫌失禮的文字。他的寬容，於我已屬縱容。多年後，當我被迫在海外漂泊時，常常會想念他曾經對我有過的照顧與溺愛。我並不認為自己的論戰文字會對詩壇造成任何衝擊，但是經過那樣的洗禮，畢竟學習到如何講理說理。更重要的，我學習了如何說出眞話。隱地給我的空間，正是一種文學紀律的培養。遠在異國遊蕩之際，我不能不對七〇年代初期有著強烈眷戀。兄長般的他，未曾給我任何訓斥。他的厚愛，是我生命中一段非常高貴的經驗。

研究所畢業後，我是輔仁與東吳開授中國近代史的兼任講師，同時也正準備到美國留學。陷於徬徨猶豫的時刻，隱地邀我去協助他編輯《書評書目》。與他共事一年，我有機會親炙他的兄長情誼。在他身邊我見證了他的專業與敬業。他教導我邀稿、讀稿、編稿，並且也留出數頁版面讓我編輯。那是我離開台灣之前難忘的工作記憶。我的第二冊詩評集《詩與現實》有不少文字是在編輯室工作之餘完成的，旺盛的創造力都在這段期間爆發出來。

在海外懷想中的台北，常常會出現溫暖的畫面。隱地引薦我去認識許多作家，包括朱西甯、張系國、林海音、琦君、呂秀蓮、白先勇。命運的銜接是一種神祕的安排，我從未預見，那年所做的事，所見的人，竟是我日後從事台灣文學史教學時，無法避開不談的重要議題。許多偶然的、意外的、即興的記憶，有些是注定要埋葬遺忘，有些是爲了沉澱累積。能夠走到這麼長遠的路，不就是因爲經歷了當時的迂迴彎曲與交錯。現在我終於忍不住回首遠望，七〇年代的重要路口，絕對可以發現隱地的身影。

相較於他寬宏的兄長情感，我畢竟顯得自私。很少有一個時刻，我曾好好思索他的流亡、寂寞、苦悶、挫折。在燈下閱讀他寄來的書稿，我情不自禁揭開埋藏已久的記憶。在他情緒激盪起伏的文字裡，我訝然認識一個受到時代壓抑的魂靈，一個我不曾看見過的隱地，不禁想起他寫過的兩行詩：

一場驟雨生命像
青春更像一張落葉

那張落葉是蝕破的葉，曾經爲他接納過陽光與暴雨。他生命深處的悸動與顫慄，我或許不能體會；不過，他年少時期的橫眉與揚眉，我確曾目睹。回想時，他是一株大樹，爲我抵禦，爲我庇蔭。他在我生命中創造的文學記憶，都讓我牢牢記得。

《自由時報》副刊，二〇〇六年十二月十三、十四日

火紅的詩猶在燃燒

攝影／黃筱威

中年以後，數度與陳映眞錯肩而過，總是不期然擦出爆裂的火花，酷烈而熾熱地燒紅我的魂魄。滲入骨髓的那種炙燙，近乎煎熬，又近乎熔鑄；每當冷卻後，一個全新人格彷彿被澆灌成型。緋紅的記憶有些也許漸成餘燼，我竟無法忘懷兩人交會時瞬間光熱帶來的刺痛與騷動。火舌的交鋒，意識的交手，可能都為彼此烙下焦味的創痕，尤其為我煨燒出生命底層無可拭去的色澤情調。火光斧影橫跨二十年之後，不能不承認的一個事實是，陳映眞是我這輩子僅有的，可敬的論敵。

說他是値得尊敬的敵人，絕無任何矯情。沒有他的存在，我的政治信仰與文學道路可能不會開出今天的格局。他走在前面，創造一個典範；無論是敬服或不服，至少都讓我找到更為從容的空間可以學習、反省並超越。生命中出現這樣一位能夠競逐的前行者，較諸同世代的許多朋輩，我應該感到幸運。只是我會到達一個與他決裂的分合路口，並非長話短說就可交代清楚。如果我不曾有過在異域浮沉飄流的經驗，如果不具勇氣批判傲慢的當權者，如果未嘗接觸左翼思想，如果未能洞察虛構的中國圖像，如果沒有決心投入台灣文學與台灣歷史的研究……，如果沒有那麼多如果，也許我至今還會繼續活在他的陰影下，一如少數幾位忠實的、憨厚的尾隨者。我終於向他發出異議的聲音時，一條背向的道路從此就連綿展開。

那時已逼近四十歲，苦惱的國家認同正絕情地撕裂並摧毀我。對一個耽溺於浪漫詩情的台灣書生，沉重的精神拷問遠遠超過脆弱心靈所能承擔。我開始嚐到雙重流亡的苦澀滋味：一是肉體的流亡，一是精神的流亡。在肉體上，我與青春年少的故鄉全然隔絕；在精神上，我與啓蒙以來的國家意識徹底決裂。游盪的身軀能夠找到僅有的救贖，唯歷史而已。一九八七的二二八事件四十週年，我清楚意識到自己開始要打人生的下半場。整個前半生，我被迫與中國情結糾纏葛藤，虛擲生命中最美好的時光。到了後半生，我決定主動追求一度是陌生的台灣意識。當我專注建構全新的史觀時，便立刻發現已經選擇與陳映眞的思考全然相反的方向。

在歷史事件的議題上，兩個截然不同的史觀終於發生嚴重衝突。我對事件的研

一九六八年，陳映真前往中日交流協會，抗議當時擔任日本文部大臣（教育部長）的藤尾正行來台。

究，可以說是從台灣左翼史的探索延伸出來。以台共領袖謝雪紅的生命爲主軸，當可發現台灣左翼運動自始就在日共與中共之間游移擺盪。這種歷史經驗，逐漸形塑了台灣知識分子的思想主體。所謂日共路線或中共路線，從來都未涉及國家認同問題，而是如何通過路線策略的選擇，在技術上完成台灣社會解放。畢竟對於當時的左翼運動者來說，他們最大的關切是階級問題，而非民族問題。謝雪紅如此，蘇新亦復如此，階級問題獲得解決，台灣民族內部的問題自然也迎刃而解。我在研究二二八事件史時，也發現當時知識分子的政治要求，就在於求得社會的解放。介入事件中的左翼領導者，從來都未提出民族主義的問題，反而是社會民主的議題優先盤據他們的思考。

正是歷史的解釋，使我與陳映眞正式決裂。他對台灣左翼運動與二二八事件的理解，性急地預設了中華民族主義的立場。這不僅不符合史實，而且也違背了做爲社會主義者的基本態度。當他的思考方式絕決地向民族主義傾斜時，他的左翼信仰與歷史知識終於證明只是一種裝飾。但是，與他激烈對話的最初階段，我往往會落入他的馬克思語彙的陷阱。那種修辭學上的左翼立場，使我不能不把他視爲台灣罕有的社會主義者。爲歷史事件辯論時，我備極辛勞釐清台灣馬克思主義傳播的脈絡。我耗費許多精力去辨識左翼運動的歷史源流，只不過是爲了回答他在史料上的刻意混淆。因此，我在一九八七年與他發生的那場論戰，現在回顧起來，證明是徒勞無功。我錯誤地把一位狂熱的民族主義者，視爲一個忠

陳映真至台中東海花園拜訪楊逵。

誠的社會主義者。

不過，把那次論戰視爲徒勞無功，也並不盡然。在戰火稍歇之後，我終於覺悟歷史記憶的重建已不容延宕。至少是受到陳映眞民族主義立場的刺激，我有必要更謹愼思考如何構造當時正在撰寫的《謝雪紅評傳》。歷史問題的探求，我很明白，依賴的不是政治立場，而是回到基礎史料開啓再閱讀與再解釋。我以四年的時間寫出那冊四十萬字的評傳，有一部分其實是在回應陳映眞對我的挑戰。有時不免會自問，如果沒有與陳映眞點燃強烈的對話，我可能在研究台灣史的速度會放緩許多。心理上彷彿有強敵壓境，我不懈地構築工事，在知識與理論方面鍛鍊自己的思考。

就思想光譜而言，我應該是屬於左翼的自由主義者。如果使用坊間的庸俗語言來形容，我的立場無疑是中間偏左。這當然是處於極爲困難的位置。從左派的角度看，我也許被劃入右派；從右派的觀點看，我則可能被歸類左派。但是，意識形態的編派於我毫無意義。我較傾向相信，知識分子的重要精神絕非以標籤的方式就可輕易定義，關鍵就在他有沒有勇於實踐。知識的實踐，不可能僅僅使用修辭或辯論就可獲得。倘然不敢介入現實社會，不敢批判偏頗的權力，不敢表達眞實的思考，則所有的口號與主張都將淪爲空洞。

大學時代的陳映真（左）與師大美術系的摯友吳耀忠，背景為吳耀忠的畫作。

我與陳映眞的另一個分歧點，便是看待台灣民主運動的態度。如果台灣史研究是我的知識實踐，那麼在一九九二年回台擔任民進黨發言人應該是我的政治實踐。在返台的前一年，謝雪紅傳記的書寫工程宣告完成，爲我的台灣研究奠下初階的基礎。這本書也爲我銜接了馬克思主義、女性主義與後殖民論述的思考，徹底洗刷了我前半生的脾性與惰性。畏怯地與政治運動保持淡漠疏離，恐怕是我這世代知識分子的共通病灶。許多人都習於暗地裏抱怨，在公開場合卻委屈地承受不同形式的權力支配。我決定縱身投入政治工作，其實有多重行動的暗示。當時，我最主要的對敵首推國民黨。然而，我接任政黨工作，也是爲了向國內統派表示明確的立場。不僅如此，我也希望站在同樣的位置，對中共發出批判的聲音。

猶記得在一九八三年與陳映眞會面於洛杉磯時，他顯然鄙夷我捲入海外政治的行動。臨走前，他拋下一句話：「有種的話，就回到台灣來吧。」我在一九九〇年遠赴上海搜集謝雪紅的資料時，立刻受到中共當局的監視。對於一位手無寸鐵的台灣書生，竟然必須動員那麼多人手跟蹤，無非是他們收集了有關我的不少情報。其中的一位資料提供者，竟然是陳映眞。我不訝異他視我爲假想敵，更不訝異他在給上海的密信中稱我爲「海外台獨大將」。我只是比任何一個時期看得更爲清楚，歷史條件爲我創造的環境是如此艱難而困頓。我更明白的是，陳映眞對我的舉止進退瞭若指掌。我以具體行動回到台灣毅然與民主運動結盟，既是對當時歷史環境的公開答覆，也是爲自己的精神枷鎖正式解套脫困。帶著一種「我來，我看，我征服」的快意，我無悔地縱浪在九〇年代初期詭譎的政治漩渦。

做爲一個左翼的自由主義者，我見證了那段時期的民主運動確實呈現亢奮的、上昇的狀態。正是在同一個時間，我屢屢看到陳映眞寫了一些不算少的散論文字，對這個不斷崛起的運動表示輕蔑。無論把台灣選舉形容爲「資產階級政治」，或是把民進黨的主張概括爲「美式民主亞流」，都再也無法阻擋我的發言。我的心願只有一個，就是親身目睹一個威權體制的瓦解。就像一塊頑石那樣，我對自己的期待具有無比信心。歷史事實證明，當時我的賭注誠然押對了。陳映眞的心情我相當可以理解，所以我也知道兩人之間的對話顯得特別遙遠。畢竟民主運動已經靠向勝出的這邊，而陳映眞則在打一場不斷輸去的戰役。

我在一九九五年選擇離開民進黨，只因已預見民主運動得勝的日子就在不久。我不是那種權力的追逐者，也不是善於與人相互取暖的那種人。終於決定離群索居，是因爲我深深體會，倘然要繼續往前挺進，就必須回到知識實踐。開始站在教室講授台灣文學史時，我正要結束纏綿將近二十年的政治生涯。歷史的謎底就要揭開之際，我無需在權力現場停留。對照之下，我反而更加可以感受陳映眞內心的焦慮。他在一九九六年組織了一些文章，編輯出版一冊《戰雲下的台灣》，公開爲中國的武力侵略做合理化的解說。那是我第一次看到我所不認識的陳映眞，先是驚訝，繼而憤怒。在這本書，他以許南村筆名撰寫一篇長文，題目是〈如果十五天．七階段的戰爭終結中華民國的紀年〉。文字中的軍事用語與恫嚇修辭，已全然偏離他憂悒的、哀傷的小說風格，更是偏離他長年被尊稱「人道主義者」的封號。

在這篇文字，我看不到社會主義者的科學分析，也看不到小說家的人文修養，當然更看不到他對台灣社會的溫暖關懷。全文飽滿的情緒，都只在散播高漲的民族主義，而且代表北京中共政權的立場對台灣施行恐嚇。他主張以最迅速方式，在最短期間，趁國際干涉

攝影／陳建仲

還未遂行之前，中國軍事行動就已有效消滅台灣。掩卷之餘，我聽到自己內心的喟嘆，這就是我年少時期午夜時分所捧讀的陳映眞嗎？這就是那位寫出畸零外省老兵與滄桑台灣少女相濡以沫的故事作者嗎？他的經典小說〈鄉村的教師〉、〈我的弟弟康雄〉所描述的場景，一幕幕在我思考中閃爍，竟無法與這冊充斥武裝暴力的文字作者對應起來。

民族主義成爲他思想的指導原則時，我必須頹然承認，社會主義早已被他棄擲如糟粕。這也是爲什麼他在二〇〇〇年批判我還在撰寫中的《台灣新文學史》時，我特別覺得冷靜從容。表面是在談文學問題，陳映眞的文字其實還是被民族主義的幽靈牽引著。兩人各寫三篇文字的相互往來，於我而言，還是停留在各自表述的階段。其中他誤用馬克思主義的表達方式，可能需要更爲細膩的文字釐清整頓。不過，就像我在〈馬克思主義有那麼嚴重嗎〉一文的答覆就已指出，他所宣揚的並沒有擺脫二十年前的民族主義立場。以中華民族主義來解釋台灣文學史，是一種去歷史化、去脈絡化的思考，或者說，是一種發明歷史與創造歷史的手法。知識實踐如果淪爲個人的冥想，對話似乎就變得非常滯澀難行。那場論戰是一次「未了的工程」。我唯一能夠回答他的，便是以一冊完整的文學史來履行我的理論與思考。

就在論戰煙硝正濃之際，我耳聞陳映眞心臟甫動過手術的消息，內心不免怵然。兩人長年的對抗，已經成爲我個人生命不可欠缺的情調。視他爲一生的論敵，幾乎是一個理所當然的事實。年紀僅大我十歲的陳映眞，應該還有餘裕的時間監督我、激勵我。他所架設的《人間網》，長期置放對我批判的文字。他經營的人間出版社，也印行不少以我爲假想敵的叢書在市面流通。對一個以書寫與思考爲職志的人如我者，他的行動在很大程度上已經給我殊榮與抬舉。更爲精確地說，這是一種罕有的「知音」。我未必服膺胡蘭成所說：「平生知己有兩個，一個是情人，一個是敵人。」不過，在我知識累積精進的道路，總是隱隱感覺有一位競逐的對手相互頡頏追趕。至少我確信，還有一位認眞的讀者嚴肅閱讀我的文字。縱然他站在我的對立面，但在這個荒廢且荒涼的思想世界，似乎兩人之間已建立一種特殊的無法定義的感情。是朋友或敵人，都必須付出同等分量的感情。如果沒有他的鞭策驅趕，我有多少歷史勞作可能至今都還未完成。回顧自己不止不懈的學術追求時，陳映眞於我竟是一個恩怨情仇糾纏在一起的複雜記憶。

陳映真自畫像。（尉天驄提供）

今秋十月，從報紙獲知陳映眞在北京病危的消息，猝然覺得有一種無邊的寂寞四面埋伏而來。我可想像，此刻他正被逼到時間的最前線捍衛自己的生命，可能對人間庸俗的江湖記憶已放諸天地。報紙說，他這十年來其實並不快樂。那種心情，我可深深體會。台灣的民主化與資本主義化，已經帶給他無比幻滅。然而他的社會主義祖國在改革開放後，也加速朝向資本主義的道路前進。他的夢，無疑是雙重落空。當他還在盛年時期，曾經爲自己信仰的社會主義坐過牢，也爲自己追求的民族主義挫折過。他的信仰與追求，即使到了暮年時期卻未嘗有絲毫動搖。在我這個世代，再也看不到如此稀罕的高貴氣質。正是在這點上，我於論戰之餘還是對他保持高度的敬意。

當他爲自己的生命奮戰博鬥時，我正坐在研究所的教室，與學生一起閱讀他六〇年代所寫的小說。我今年在台灣文學研究所的教學進度，剛好到達陳映眞專題。幾乎每年秋冬之交，我都帶著學生閱讀並再閱讀他的作品。有不少研究生對我講授陳映眞時的心情不免感到好奇，他們大概會預期我的解釋與分析會帶有一種敵意吧。於我而言，意識形態無論如何對立，在論戰中無論使用過多少動氣的文字，全然不影響我對他小說藝術成就的承認。政治立場與意識形態都只是一時的演出，唯文學生命能夠超越、能夠永恆。

在他的關鍵時刻，我說這麼多話可能不太恰當。不過，我無法隱藏內心的失落。此刻，我不會溫情地說出「相逢一笑恩仇泯」，當然也不會像魯迅絕情地對著敵人說「一個也不寬恕」。陳映眞在我靈魂深處劃下的斤斧鑿痕，都將伴我走完餘生。當敵人不再是敵人，猶情人不再是情人，我不免幽然感到悲愴淒涼。我和他都是屬於夢的追逐者，但是不同的夢卻同樣遭到摧毀。今春以來，目睹一個我所尊崇的政黨，既毀掉我的民主憧憬，也毀掉我的本土理想。我的幻滅，應該也可與陳映眞的失落展開神祕對話吧。我比他幸運的是，還能夠持續執筆表達抗議與批判。我在四十歲之前，打完了人生上半場，付出全部的青春與國民黨戰鬥。四十歲之後，我開始打人生下半場，把所有的理想都押注在民進黨。結果發現比數是零比零。現在我到達六十歲，必須做好準備打人生的延長賽。天假我十年，我當孤獨搏鬥下去。

我和陳映眞一路碰撞摩擦，點燃炙燙無比的記憶。許多失禮的語言，失手的文字，如今已都沉澱澄澈，讓我看得尤其明白。各自懷抱的夢是何等分歧，如果不是爲了自私，則論戰造成的傷害都無需表示抱歉。何況，兩人都擁有一個押錯的夢。我不敢期待陳映眞會拾起擲下的劍再做一次決鬥，我能做的僅是祝福他能夠克服生命中最爲困難的時刻。我無法忘懷中年以後兩人錯肩而過時擦出的火花。在記憶中最爲鮮明的位置，那一盞魅惑的烈焰，火紅如詩，至今猶在燃燒。

《聯合文學》二〇〇七年一月號

攝影／關耀輝

古典降臨的城市

1.

余光中詩集《蓮的聯想》瘦瘦地握在我手掌時，有一種暗示便在十八歲那年神祕開啓。詩的火種從此在我青春的軀體引燃，燒起往後生命中不再熄滅的文學憧憬。擦亮的那點光，細微無比，卻越燒越旺，終至不可收拾。星星之火，照亮我的意志，也照亮我的抉擇。在每一個危險的轉彎處，因爲有了光的鑑照，都讓我捏一把冷汗之後又找到追求的方向。詩的力量到底有多大？我不能確切計算。容許我毫不誇張地說，人生的重量若可用一首刻骨銘心的詩來兌換，也算不虛此行。

詩的嗜愛變得如此嚴重，必須追溯到一座熠熠發光的城市，那是我到達台北讀書時的最初記憶。在歷史系的教室未及理解歷史知識之前，就已先遇見余光中的詩。他的詩行在我的眼睛擦出火花，使我感覺到未曾想像過的想像竟是那般發燙。虛無飄緲的情愛嵌入詩

余光中（攝影／陳建仲）

句之際，他鑄造的每一顆字都足以溫暖我閱讀時的手指。一九六〇年代的台北，是現代主義的台北。如果說，我是捧著詩涉入現代化的風潮，余光中無疑是第一位為我引渡的詩人。從來不知詩之為何物的鄉下少年，與詩發生纏綿的那個時刻，似乎就要關閉畏縮怯生的青澀年紀，也正要打開一個猶待探訪的成人世界。

台北其實並不是那樣複雜的城市，但比起我出生的鄉鎮卻深奧許多。身體的啓蒙，知識的啓蒙，都是在遠離保守的故鄉之後才陸續綻放。在我血脈中譁然造成衝擊的，當以詩的啓蒙最為深刻。二十歲之前，我幾乎是每天誦讀余光中的詩句。著迷於他詩中悸動的旋律，更眷愛他結合古典與現代美感熔鑄而成的鮮明意象，像患了饕餮症那般，我追蹤更早的詩作。傳說中的那首〈天狼星〉讓我在陳舊的《現代文學》雜誌尋獲時，內心不禁湧起一種排山倒海的激動。在還未出發去索取更多現代詩人的作品之前，那首長詩至少已被我供奉為稀有的經典。

在校園裡沒有人可以與我對談余光中，除非把自己鎖在內心展開自我對話。夜間在宿舍的燈下，我有時會揣摩詩人的文字技巧。每當有意外的發現，我會忍不住在詩頁眉批加注。年輕時期的詩情，灼熱地留存在多少深夜裡筆記的字跡。認識詩人之前，我幾乎已讀完他所有的詩集與評論。青春的身體有無數祕密的騷動，都藉由詩的閱讀而獲得昇華。對於文字，我變得非常敏感。有生以來，我第一次感受到許多平面的字句，竟能化為立體的想像。尤其在那冊薄薄的詩集遇到〈碧潭〉詩中這樣的詩行：

如果碧潭再玻璃些
就可以照我憂傷的側影
如果蚱蜢舟再蚱艋些
我的憂傷就滅頂

把名詞當做動詞的那種大膽用法，點醒了我的知覺。當我能夠熟悉詩人的句型和語法時，我才發現五四時期如徐志摩的詩，或朱自清的散文，充斥過多陳腐的語言。從文學史的觀點來看，我絲毫不貶抑五四文學的藝術價值。不過，余光中的跳躍性想像與鍛鑄式語言，能夠在我體內一起呼吸時，我的文學思考在那段時期其實已開始捲入現代化。即使到今天，可以毫不羞赧地承認，我幾乎每晚都在吟誦這些詩句：〈等你在雨中〉的「從一則愛情的典故裡你走來」；〈滿月下〉的「那就折一張闊些的荷葉／包一片月光回去」；〈那天下午〉的「我將是一尾最傷心的魚」；〈音樂會〉的「任月光漂去街的下游」；〈握〉的「蓮都睡著，星都醒著，我們在睡醒之間」。文字是靜止的，但是它一旦啓動想像時，那些平面的符號就立即散發氣味、聲音、顏色、光影。我看到詩人的膽氣，義無反顧地在沉寂不動的世界開發流動的想像。所謂創造，無非就是起死回生，就是無中生有。詩人的洞察力，與雕刻家沒有兩樣，能夠在一顆沒有形象的頑石透視一個藝術的生命。

詩人的敏感還不止於此，他不僅企圖改造分行的藝術，還進一步再造散文的技藝。那時我還是一位歷史系二年級的學生，才正要學習翻閱古樸的線裝書時，卻立即又被余光中的現代散文試驗所吸引。二十歲於我是一個受到祝福的年華，在閱讀功課上我依序細看他的評論與散文：《左手的繆思》、《掌上雨》、《逍遙遊》。彷彿站立巍峨的宮殿前面，我著迷於那華麗建築的雕飾。門啓時，穿越高牆背後的亭閣樓台，依稀看見玲瓏的光與耀眼的聲。對於我這樣初涉文學的少年，詩人的文字鋪張已極盡奢華之能事。

余光中詩集早年版本。

歷史原是我的正業，在大學時代我就已決定朝向宋代中國跋涉探尋。只是後來的道路證明，十二世紀的古典終究不能對抗二十世紀的古典，我的思考一步一步從史藝向詩藝傾斜。那看不見的推手，來自詩人的文字魅力。新古典主義時期的余光中，讓我的意志次第淪陷。現在可以看得很清楚，捨棄歷史這行業，在二十歲那年就已鄭重預告。

2.

余光中誠然是我知識追逐中的一次誤闖，他爲我暗示的藝術之路果然是一條歧路。一九六八年暑假之前，我寫了一篇散文〈詩人，今夜你掌上有雨〉，在校園徵文比賽中獲得首獎。題目全然襲自余光中，內容如今已不復記憶。會寫那篇散文，大約可以推知是在洩露內心泛起的憧憬之情。評審委員之一是中文系的張秀亞教授，當時她甫出版的散文集《北窗下》，也置於我睡前的床頭。她說願意介紹我認識余光中，這項承諾對我是遠遠超過獲獎的快樂。後來在怎樣的場合得以拜見詩人，已全然遺忘。只記得大三以後，在廈門街的余光中住宅就不時有我出入的身影。

他是一位非常溫暖的詩人，講話時會讓我感受到一種罕有的關懷與尊重。對我這樣還在摸索現代詩的後輩，他總是以朋友的態度與我對談。余光中那年才過四十，想像與技藝正處在日新又新的巔峰狀態。我常常會在城市的什麼地方，耳聞一些人議論著他的新作。我到達詩人的書房時，他已完成《在冷戰的年代》與《敲打樂》的大部分作品。我的殊遇是，他不吝讓我分享筆跡猶新的詩稿完成時的喜悅。有稜有角、柔中帶剛的藍色鋼筆字，如印刷那般工整地寫在雪白的稿紙上，讓我在閱讀時窺見詩人落筆時那份專注虔誠的生命力；彷彿是雪地千里，留下他追逐詩神時的鄭重足跡。他的稿紙是親自訂製，特別具有質感；捧在我手中時，幾乎也可以承受詩的重量。

坐在他的書房燈下，詩人不是出示一篇新的詩稿，便是遞給我一份刊登新作的雜誌，好像我每次拜訪都適逢其時。我記得有一次他還選取詩作的幾行，低聲誦讀。平面的字，立體的聲，一時讓我覺得詩的想像近得可以觸摸。他的聲音帶有一種不尋常的磁性，低沉，輕脆，緩慢，使我錯覺地以爲置身於神祕的空間，迎接一首緩緩升起的抒情音樂。直到大學畢業之前，趕赴了幾場他的詩朗誦會，爲的只是接受一場聲音的盛宴，讓音節清楚的字句再一次刷新我閱讀時未能企及的感覺。我總是選擇坐在聽眾的最後一排，視線穿過許多肩頭與髮梢，注視詩人衣飾整齊地站在燈下，聆聽詩句以恰當的速度朗誦出來。如果沒有記錯，在耕莘文教院那次，是濕度與溫度恰到好

余光中與陳芳明。（攝影／蔡逸君）

處的夏夜，他誦讀的詩是〈或者所謂春天〉。有一些艾略特味道的這首詩，我也能夠背誦。他站在前面朗讀時，我坐在後面默默唸於心底。我酷愛詩人的表演藝術，快速的句子有時會引起聽眾發笑，沉鬱的詩行也可讓全場停止呼吸。在寧靜的時刻，我似乎可以體會詩的意象竟會悠然起舞，有時是誘惑，有時是刺激。語言不再是語言，它與我的情緒匯成龐沛的河水，悉數注入空曠的胸臆。

我沒有寫好過一首像樣的詩，可能是因爲對於詩的形式過於尊崇，想要把它寫好，但最後還是沒有抵達。這並未影響我嗜詩的脾性，反而更敏銳地開發我的聽覺與視覺。我必須承認，這樣的品味都是來自余光中的詩教。他從來沒有要求去旁聽他的課，也未曾期許我選擇怎樣的道路。兩人的關係是那麼自然，所以最後就沒有變成師徒。我很明白，文學知識對於一位歷史系學生極其遙遠，那不是讀幾首詩或幾冊小說就可算數。在我神遊於宋代中國之際，常常會收到他的來信。住在同一個城市，其實是可以不時見面。他寫信給我，有好幾封都附有文學書目，以英文居多。他也許是首肯我試寫的文學批評，因爲書目裡大多與新批評理論有關。其實我的能力被他高估了，那時我的英文閱讀只允許接觸一些簡單的詩句。

一九七〇年代就讀於台大歷史所時，我與林煥彰、辛牧、蕭蕭組成龍族詩社。我對詩的沉溺著迷從此更加深入，余光中的詩風在這段時期也有了轉變。他一方面受到美國民謠風的影響，對詩的音樂性更加偏愛；一方面他也開始有意讓台灣情感入詩，節奏也相當貼近民謠風。在我輪值主編期間，他寄來一首〈車過枋寮〉；我的眼睛立刻發亮，但也嚇了一跳。我太熟悉他傷感的大陸鄉愁與濃郁的歷史意識，也熟悉他的文字煉金術，酷嗜把各種色香味的意象壓縮到精練的文字。啓讀這首詩時，才發現他刻意打散自己緊張的情緒，也卸下長久以來的沉重歷史包袱。取而代之的，是節奏輕快，色調明朗的語言。我覺得這是一種危險的嘗試，好像是走在懸崖邊緣，一旦失神，就會失足。詩中使用大量的疊句：「甜甜的雨」，「肥肥的田」，「濕濕的牧歌」，「瘦瘦的牧笛」，看似鬆懈，卻有一種催眠的效果。但反覆誦讀之後，卻可領會到一種頌讚的心情不知不覺被催生了。

詩可以不必永遠以壓縮的形式呈現，當然也不必依賴內在張力來營造衝突的情緒。寬衣解帶的語言，自有另一種從容。讀了他的詩，我果然就被說服，無需抱持對抗的心情來看這個世界。他的詠景詠物，使自己的詩風更臻於透明的境界。所謂透明，並非是張口見喉，而是岸上觀水，清楚辨識微波漣漪，卻又說不清水紋暈開時那種圖案的複雜。他在同一時期寫出的詩作，都有意無意讓語言的枷鎖卸下。乍讀之際，味道平淡；再讀之後，餘韻無窮。他邀請讀者進入詩中，然後又開啓一扇窗，要求讀者發現語言之外的風景。我偏愛的一首詩〈樓頭〉，正是透明語言的典範：

一架七四七的呼嘯遠後
落日淡下去，如一方古印

低低蓋在
一幅佚名氏的畫上

這首詩描寫七〇年代歸國學人返台聚會之後，又遠赴他鄉的情景。詩的主題暗示台灣知識分子在東西文化之間擺盪的心情，多少有些悲壯，又有些傷懷。以這四行結束全詩，恰如其分概括了多重矛盾的心境。詩中的每一個字，都各自找到適當安放的位置。該說的都說了，說不出的，都瀰漫在那一幅落日斜陽的畫裡。

沙浮投海

我站在高崖上
再深深吸一口氣
向愛琴海与夜空
投最後的一瞥

夜空是多麽的崇高
再伸手也摸你不到
一群燦爛的星星
把銀河密密地圍繞

大海是多麽的深奧
有幾千年的驚波怒濤
那遠處的一點漁火
是誰还没有睡覺

海風喲，別牽動我的頭髮
海浪喲，別衝破我的思潮
我再把菲昂的臉兒回憶
把他的眼色再匆匆地一瞧

星星不見了
大海不叫了
星去睡覺了
海也睡着了
菲昂，永別了
希臘，再会了

——1948.10.31

註：沙浮(Sappho)，希腊女詩人，恋菲昂(Phaon)，遭棄，鬱鬱投海而死。

余光中於二〇〇八年親筆抄寫自身第一首詩作〈沙浮投海〉。

3.

詩的生活占去我大學時代與研究所時期的許多歲月，余光中的詩無疑是我日子裡的一個重心。直到一九七四年出國之前，我至少完成四篇有關詩人的系列評論。夏志清教授寫信給我，建議我出國專攻文學。他大概不知我的本行是歷史，這無需訝異，因爲我發表的文學評論遠勝我的歷史論文。我內心的願望確實有意選擇文學，但是履歷與知識訓練卻只有歷史系接受了我。一條迂迴的道路，就在我的留學生涯漫漫敞開。

生命的迂迴，比我的想像還要曲折。當我開始適應海外的學術環境時，歷史反而不再是我的關切；我注意的，竟是台灣政治。草根民主運動與鄉土文學運動，以雙軌的形式在七〇年代中期蔚爲風氣時，我已遠航在異城。對詩，同時也對現代主義，我分外感到疲憊；尤其我清楚接收的民主運動信息，不懈不止地向我湧來。我第一次見證了歷史的力量，是那樣悍然不可抗拒。究竟是選擇旁觀，還是毅然介入，我陷於苦痛的天人交戰。一旦決定涉入時，似乎已經站在與文學決裂的轉折點。由於有這樣的自我背叛，我對文學失去了過去那種過剩的信心。一九七七年，我正是以挫折的心情隔海觀望鄉土文學論戰的發生。在煙火四射的時刻，我發覺自己束手無策，不知如何介入，也說不出任何恰當的話。

論戰之後，我寫了一篇散文〈交錯〉，含糊交代自己保持沉默的理由。在那篇文字我想說的，是因爲余光中寫了惹人議論的〈狼來了〉，使我不知如何自處。我與詩人在論戰結束時就已斷絕音信，現在想來，不免感到遺憾。他那篇充滿爭議的短文，後來都未收入文集裡。我相信，詩人大概也很清楚那不是很恰當的發言。三十年來，有不少好奇者還不時回到那篇文章做不同的解讀。至少，我發現有兩種解讀距離事實有很大落差。

一種是來自陳映眞，他始終咬定余光中向警總告密，並認爲我是知情的。想像力特別豐富的小說家，提出這樣的指控絕對是向壁虛構。我從來都不知道有所謂告密一事，只知道那篇文字在於指出，陳映眞當時的文學主張具有強烈的馬克思主義傾向，而且有些信仰在很大程度上來自中共的文學理論。余光中的觀點，事後證實是正確的。余光中的用詞誠然過於猛烈，但陳映眞的信仰與行動卻吻合〈狼來了〉一文的描述。我只是無法苟同「抓頭」的提議，否則陳映眞的馬克思主義及其中共的立場還需要懷疑嗎？

一種是來自本土派作家的陣營，長年以來他們認定余光中是站在鄉土文學的對立面。這樣的誤解延續到今天，仍然還在激盪。對於這個現象，我始終無法理解。因爲，余光中的文章是在回應陳映眞，並未對鄉土文學有任何貶抑。只要回到歷史現場，重讀那篇文章，就可發現余光中只使用「工

二〇〇〇年，年度詩選前後編選人合影。右起：白靈、張默、辛鬱、余光中、向明、焦桐。（《文訊》雜誌提供）

農兵文藝」一詞，未嘗有隻字片語觸及鄉土文學。何況，在論戰浴火的時刻，有不少今天自稱本土派作家不僅沒有加入戰役，有些人在那時期還是持有濃厚的中國意識。到現在還有人樂於對號入座，我想那大概是爲了篡改身世。

事件過了那麼久之後，論戰始末應該可以看得更加明白。余光中已經回到台灣，定居於我的故鄉高雄。我也重返學界，只是接納我的不是歷史系，而是中文系。我確實是走得比這世代的任何一位朋輩還要辛苦，這種心志的折磨反而協助我可以冷靜觀察歷史。一切噪音退潮之後，我開始面對孤寂的窗口整理文學史。史料的再閱讀，允許我選擇一個較爲清楚的位置，梳理文壇的人事糾葛，也梳理我自己的思想歧路。從前無法理解的，無法看透的，現在已都了然於心。

我曾經也一度熱情擁抱過鄉土文學，那當然是政治上的抑鬱之氣激發出來。文學史的重新探訪之後，已經讓我深刻覺悟熱情不是文學，抑鬱也不是文學。要處理政治問題，我已知道應循另外的途徑去尋求答案。文學必須回到藝術的紀律，回到審美的位置。有很長一段時間，我揹負著意識形態，對現代主義曾經給予貶抑的評價，只爲了符合虛矯的本土身段。政治可以輕易決裂，但文學卻是流動的。藝術之美，不可能因爲黨性、脾性的對峙而肆意切斷。我再度出發，向著現代主義時期的文學，盡情釋放自己的想像，展開無盡止

的對話。當我無懼地卸下黨派枷鎖，才終於發現自己錯過太多不該錯過的審美之旅。我在書寫文學史時鄭重宣稱「六〇年代是台灣文學的黃金時期」，這句話等於也是宣告我正式結束精神上的自我囚禁。又回到文學常軌時，我也回到余光中作品的再閱讀。

洶湧的歷史不再洶湧，我知道再也回不去那年與詩人一起捧讀詩稿的時光。政治、黨派、意識形態、國家認同，在詩人與我之間的情誼撒播過多的雜質。二十餘年之後兩人重逢時，彼此的對話帶著禮貌與尊敬，卻有一種稀有的陌生阻隔在中間。至少在我這邊，很難找到適當的語言啓齒。時間眞的很可怕，政治尤其可怕。詩人在多少年前爲我的文學道路做了強烈暗示，我遲遲不敢跨入。時間改造了我，政治的力量改造我更多，被我視爲歧路的文學，竟然成爲我餘生的正途。這種離奇的安排，我豈能輕率地歸諸於命運？曾經是清澈的情誼，如今卻罩上一層迷霧。重逢的滋味，於我是苦澀無比。

書架上羅列著余光中的全部作品，詩、散文、評論，翻譯的文字曾經溫暖過我的流亡歲月。雖然沒有書信往來，我與詩人的對話卻未嘗稍止。在一冊攝影集不期然看到他的相片，驚見他已是滿頭白髮。那位爲我低吟新作的黑髮詩人，已然失去蹤影。一股失落感淹沒了我，從而清楚預見我將失去更多。我釋手讓許多美好的感覺交付遺忘，換來的是一種刺骨、腐蝕的淒涼。那種淒涼，近乎悼祭，更近乎自我埋葬。

十年來我與詩人的重聚不超過十次。兩人之間的距離到底有多寬，我無法衡量。用任何方式來修補我對他的尊敬、想念、憧憬，似乎都很不恰當。站在學生面前講授現代文學時，我偶然會憶起那年趕赴廈門街的朝聖心情。曾經有學生問起，誰是我的文學導師，我一時為之語塞，最後還是本能地回應，我的師承應該來自余光中吧。在我的精神世界，絕對有一個發光的位置屬於他。我當可推測，余光中不會承認有我這個學生，一個叛逆的、不安分的學生。

我在四十年前到達熠熠發光的台北城市，就立即被捲入現代化的洗禮。還不知道有什麼知識等待我抉擇之前，詩已猝不及防地闖入我的心靈。命運在那時刻就已鑄成，注定我的生命中必須失去一個可能的歷史家，為我換取一個辛苦跋涉的文學家。命運如此，就讓它是那樣吧。詩人曾經給我的祝福，在我的垂晚歲月才散發出真實的意義。現在我才領受，可能一切已都太遲。如果有人問起我的師承，我的答案不再遲疑。在文學的追逐中，我確信，余光中是我的現代，也是我的古典。

《印刻文學生活誌》二〇〇七年四月號

花開冬季

攝影／AZU

1.

潔白的花盛開在冷肅的空氣中。沉鬱的綠葉，靛藍的瓷盆，襯托出那無可抵禦的花如一首歌的釋放。曇花一瓣一瓣緩緩舒展，像是一道一道澄淨的光束毫不遲疑地放射。我到達尉天驄老師發表新書的會場時，目光立刻被牆上那缽寧靜謙遜的曇花緊緊吸住。那幅油畫俯視著會場，以著內斂含笑的身姿，彷彿作畫的主人孫桂芝女士已默然到來。尉老師就站在畫前盈盈微笑，卻又洩露一絲掩飾不住的憂戚。漢子般的他，在夫人畫魂的臨照下，終於也有脆弱的時刻。

整整一年前，參加孫桂芝女士的告別式是二〇〇五年十二月。冬雨甫歇，陽光乍現，我正要離開殯儀館。儀式已經結束，會場氣氛卻還停留在我的感覺。說不出哀傷或悲涼的情緒，猶悄悄翻轉，觸動著我敏感而柔軟的神經。告別式不像是告別式，反而像是久別後

尉天驄（攝影／陳文發）

的重逢。六〇年代的作家，幽靈般又回到人間。他們都到齊了，黃春明、陳映眞、瘂弦、蔣勳、奚淞、林懷民……，不知從何處回來，錯落地站在那裡。我坐在人群的最後一排，聆聽他們追憶孫女士的故事片段。喪妻的尉老師，無語地站在最前面，接受溫暖的情感爲他洗滌撫慰。他帶著堅毅的神色，反而像是有意無意在安頓儀式中每一顆倉惶的心。

孫桂芝女士我僅匆匆見過一面，在學校附近一個熙攘的餐廳。稍後，我才慢慢得知她是一位頗具天分的藝術家。台灣文壇藝壇的人與事，我往往獲悉相當遲晚。我錯過太多的風華年代，只因爲曾經長年被監禁在台灣之外。應該發生過的許多重要事件，都在我回來之前發生過了。孫女士作畫的點點滴滴，必須等我在二〇〇〇年到政大任教時，才逐漸兜攏起來。那一年，尉老師正式宣布退休。他的研究室就在我隔壁，在走廊上還是會偶然相遇，只是我從未找到恰當話題向他請益。

沒有主動與他交談，那是我的失禮。從年輕時代就已熟悉他的文字，只是從來沒有想到有一天竟然幸運地成爲他的同事。如今近在咫尺，果眞我與他無話可說？我想，自己確實有心理障礙。

那段期間，我正與陳映眞陷入激烈論戰，內心高懸在緊張飽滿的狀態。尉老師與陳映

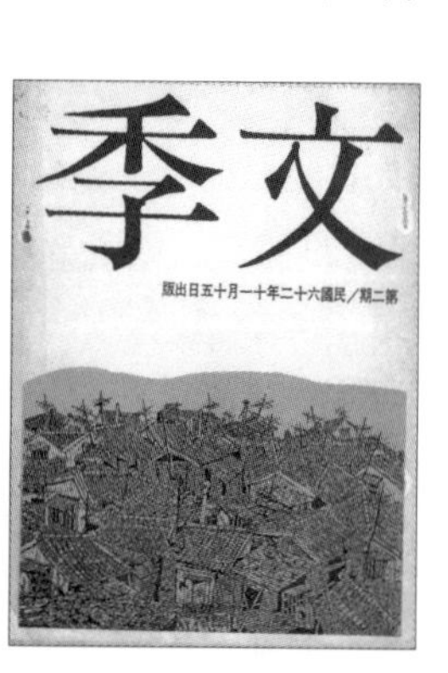

眞建立了將近半世紀的友誼，他們之間相扶相知，我自是了然於心。從五〇年代後期的《筆匯》，經六〇年代中期的《文學季刊》，以至七〇年代初期的《文季》，他們始終是並肩投入文學運動。一九七七年他們聯手參加鄉土文學論戰，已是文壇周知的事件。我第一次在書中看到他們合攝的照片，頗覺驚異。兩人的相貌居然那麼相似，都是身材魁梧，眉宇英挺。在海外時，我私自在內心給他們一個封號：「文學批判的雙璧」。這是因爲見證兩人在論戰中扮演的關鍵角色，鄉土派陣營的左翼理論顯然都由他們奠下基礎。

他們走得太近，以致在我慵懶的思考中常分不清兩人的差異。初到政大時，我不免有這樣的想法：十餘年來與陳映眞論戰那麼多回合，是不是也擦搶走火傷到尉老師的感情？他們的文學理念不必然完全一致，至少是相互支援。我的台灣意識是那樣強烈，與他們的民族主義立場存在著對立。倘然陳映眞對我懷有敵意，尉老師即使不發一語，可能也有某種程度的默許。這樣的假想，後來證明是非常膚淺。知識分子酷嗜活在豐富的想像裡，依賴著幻想與妄想，爲自己構築一個封閉的閣樓，並且鎖在樓裡決定對整個世界的看法。我的愚駭，恰恰就是最好的印證。

終於能夠與尉老師開懷交談，已是我到達政大校園兩年之後的事。我受邀來到這個一度被視爲極端保守的學校，最初是銜命籌設台灣文學研究所。當時主動邀請我的，是文學院院長董金裕教授。他認爲，在現階段國內與國際學術市場，台灣文學是一門極具生產力與競爭力的學問。政治大學不應該在這場角逐中缺席。董教授對我的知遇，我至今仍感懷在心。經過兩年辛苦的申請過程以至核准定案，個人承受許多不爲人知的苦惱與挫折，最後卻都能次第克服。最使我感到喜悅的是，在規劃課程設計時決定邀請尉老師，他立即欣然同意，並允諾講授「當代作家專題」。

尉老師到台文所開課，我並未有任何私情的考量。在戰後台灣文學的發展中，他一直是重要的推手。他具有字典一般的記憶，對每個不同時期的作家、思潮、風格、事件，可謂瞭若指掌。從未在歷史現場出席過的年輕研究者，也許只能從靜態的文字推測作家的時代與記憶。這樣的研究取徑，當然非常隔閡疏離。親身介入五〇年代以降文學運動每一階段的尉老師，看到的歷史都是活生生的。他從事創作與批評之餘，還熟識不同世代的作家，更熟讀不同文體的作品。六〇、七〇年代的重大文學事件發生時，他從未缺席。整個戰後台灣的文學經驗，無疑是他生命史的一部分。與尉老師談話時常常可以發現，他的記憶其實就是一座典藏豐富的圖書館，而且是相當開放的圖書館，無論是文壇掌故、文學生態，或文風流變，幾乎隨時可供學生檢索。能夠邀請這樣重要的作家學者開課，對研究生來說，自屬一種幸福。

2.

開始可以與尉老師從容對話時，我的思維模式，價值觀念，以及治學態度，都已發生劇烈的轉變。也許在血液裡，還存留些許年少氣盛時的激情，不過對於自己所追求的知識已不再緊張。我漸漸可以嗅到生命中清秋的氣味，果實就要轉熟，斜陽是一片慈祥的顏色。在迎接就要到來的收割季節，我無需過分執著揮汗開拓的緊張情緒，而應該替換以一種整頓與收拾的心情。由於不再偏執，反而覺得整個天地都爲我開放。

整頓與收拾，於我是一種內心的省思。尤其在主持台文所之後，我不能不重新思索台灣文學的前景。一種健康的知識學問，從來就不是畫地自限的。在年輕時期，爲了對抗威權體制，也爲了爭取發言空間，我毫不畏懼地爲「本土」與「台灣」辯護。那是一個不尋常的歷史階段，逼迫著即使是一位耽美的文藝青年，必須早熟地學習反抗，加速地勇於行動。在畸形的大環境，知識還未齊備，思考邏輯也未臻周全，我就已縱身投入政治運動，同時也展開批判的歷史書寫。台灣意識大旗的陰影，遮蔽了我的視野，也爲自己創造了無數的假想敵。在敵影幢幢的歲月，我放棄太多早年所憧憬的學問：五四文學、三〇年代中國新詩、魯迅作品，以及宋代研究。政治確實使人分裂，我不僅割裂友情，割捨知識，甚至也與少壯時期的自我徹底決裂。

我容許滿牆的古典書籍在時光中枯

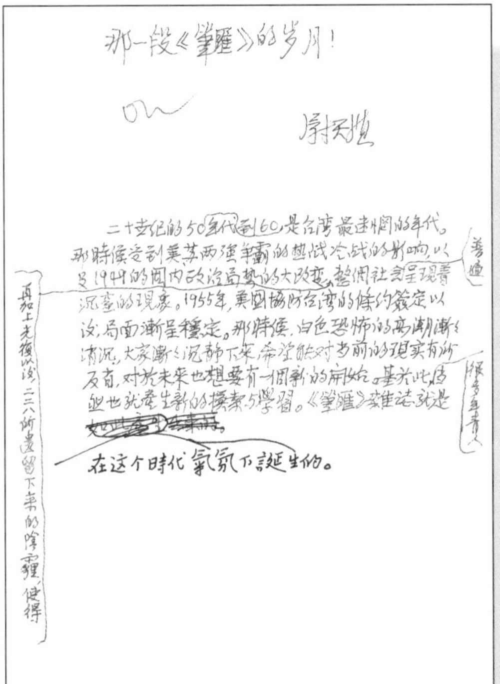

那一段《筆匯》的岁月！

尉天驄

二十世紀的50年代到60，是台灣最迷惘的年代。那時候受到美蘇兩強爭霸的熱战冷战的影响，以及1949的國內政治局勢的大改變，整個社会呈現着沉鬱的現象。1955年，美國協防台灣的條约簽定以後，局面漸漸呈穩定。那時候，白色恐怖的高潮漸漸消沉，大家漸漸沉靜下來，希望能对当前的現实有所反省，对於未來也想要有一個新的開始。基於此，思想也就產生新的探索与學習。《筆匯》雜誌就是在这个時代氣氛下誕生的。

《文訊》雜誌提供

尉天驄與夫人孫桂芝（後排）與黃春明夫人尤彌、唐文標攝於北投黃春明宅。
唐文標懷抱者為黃春明次子國峻，旁立者為長子國珍。

萎，這樣做是爲了順應那時正在鍛造的絕決意志。現在又重新翻閱完成於異域的政論文字，有時也不免會讚嘆自己干涉政治的勇氣。我從未後悔自己寫了數百萬的文字與威權體制對抗，事實上在內心深處還帶有一點自得。只是在字裡行間總是不斷看到一些熟悉的術語名詞，像是「本土」或「主體」的字眼。正是在閱讀這些字句的時刻，我會自我追問，當時是如何給這些鮮明的概念一個確切的定義？凡是站在反對與抗議的立場，或凡是站在當權者相反的位置，就是建立台灣本土的手段。那種思考模式對我極其方便，每當觸及本土的定義時，本能的反應便是以排他或削減的方式尋找答案。鄉土文學論戰爆發時，我選擇與余光中決裂，正是這種思維導出的後果。同樣的，對於當時站在左翼立場的尉老師，我自然而然也是偏向對立方態度來觀望他。余光中的言論既非我所認同，尉老師與陳映眞的主張也不是我能全然支持。這是我生命中極爲奔放也極爲困頓的時期。

在海外陸陸續續收到台灣寄來的書籍，讓我有機會閱讀尉老師稍後寫出的專書。他的文字頗具氣勢，理路分明，我見識了他使用強烈而準確的語言，對閉鎖的政治思考與偏頗的文化現象施以不懈的抨擊。放在書架上有幾冊他的作品：《民族與鄉土》、《眾神》、《天窗集》，協助我釐清鄉土文學論戰的混沌狀態。暗地裡我贊同他的許多論點，但是爲了維護潔癖的台灣立場，表面上我都冷眼以對。他處在詭譎的政治氣氛下，具有高度勇氣正面批判保守倒退的當權者，完全不同於當時許多保持沉默的知識分子。今天有不少強悍的本土論者，事過境遷後開始努力篡改身世，表明自己與生俱來的鄉土意識，出身與成分都優越於他們的同輩。回顧論戰時期留存下來的史料，當可發現這些優越的本土血統論者，並未有任何隻字片語的發言紀錄。即使到了二十一世紀，還是有無數本土論者的意識形態，在很大程度上與當年的威權體制維繫著極其微妙的共謀，譬如說：反共與恐左。

台灣社會必須建立其政治與文化的主體性，這是我從來沒有懷疑過的，也是我到現在不斷追求的目標。本土論述能夠崛起，從歷史來看，無非是伴隨著七〇年代草根型民主運動的開展而來。至少我的認識是，本土精神與民主精神是互爲表裡，合則雙利，離則兩傷。我從來不相信，民主精神是以排他或削減的思考方式建立起來，更不相信本土精神是以自我封閉的思考護圍起來。但是，台灣歷史總是以嘲弄的形式出現。綠色執政在跨世紀的台灣發生後，本土立即升格成爲一種風尚。爲了趕上這種歷史階段性的時髦，許多人焦慮地追加記憶。在鄉土文學論戰的缺席者，忽然都搖身變成本土論者，並且把本土視爲最高檢驗標準，絕決地使民主精神遭到徹底放逐。

3.

歷史的反覆，迫使我必須重新審視鄉土文學論戰的眞相。將近三十年前尉老師發表的文字，我再度啓開重讀。這不僅要整理自己的記憶，也是要使文學史書寫不致落入政治語言的陷阱。他當年自費編輯的《鄉土文學討論集》，如今已是學院裡回顧那場論戰的主要依據。他自己完成的《民族與鄉土》，更是那段歷史的重要證詞。我在寫文學史時，輕易把他劃入「左翼統派」的陣營。現在，我很慶幸還沒有出版，否則這種輕忽的論斷必將扭曲史實。因為，在論戰期間，台灣文學界並未有統獨之分。

如果要給尉老師一個標籤的話（這當然是很不禮貌的事），我認為他不是民族主義者，而是一位民主主義者。這三十年來他寫出的散文與評論，幾乎都是圍繞著民主、自由、人權的議題，或抒情，或論理，表達溫暖的人的關懷。台灣這半世紀來如果有所謂自由主義傳統，他的發言很明顯地就是在為這樣的傳統做務實的詮釋工作。正是在自由主義理念的基礎上，我與尉老師的對話才有了空間。我一直是這樣相信著，他從不以民族主義審判別人，而是以民主精神關懷台灣社會。

我常想起他在三十年前說過的話：「我在大學教書讀書，發現學院中許多人有一個通病，便是用自己的觀念去解釋現實，而不肯用現實來測驗自己的觀念。」他指的是所謂的

繪圖／奚淞

二〇〇六年「終於開花了」展出現場。

學院派，而這使我聯想到政治掛帥的本土派與意識先行的統一派。我認識太多尊貴的本土論者，一輩子活在台灣，並不必然就了解台灣。他們從不勇敢面對現實，卻寧可選擇活在意識形態所構建的台灣想像。

二○○六年是文化大革命的四十周年，尉老師在一個春天的下午突然向我提起：「這樣重大的歷史事件，我正在觀察北京究竟會有什麼動作，也想看看台灣的統派敢不敢提出平反的要求。」那時我們坐在辦公室談話，外面的陽光讓我看到他嚴肅的神情。他的語氣帶著些許激動，彷彿那是壓抑過久而迸發出來的思考。

那個下午，我陷入許久的沉思。尉老師對文學與政治的態度全然一致，人的文學與人的政治絕對不是空洞的語言。一個社會過度燃燒民族主義之後，往往使人不能冷靜看待眞正的問題。我終於明白他與陳映眞的思路是朝著不同方向，也更清楚尉老師多年前對陳映眞的期待。在〈死亡與救贖〉的那篇短文，他引述陳映眞的話：「在一個歷史底轉型期，市鎮小知識分子的唯一救贖之道，便是在介入的實踐行程中，艱苦地做自我的革新，同他們無限依戀的舊世界作毅然的訣絕，從而投入一個更新的時代！」對於這段話，尉老師給了以下的評語：「然而，很可惜，我們只見到陳映眞如此的說明，還不曾見到他爲我們在群眾中塑造出另一些踏著歷史腳步的健康的人物形象。我們等待著。」尉老師等待的是陳映眞能夠寫出更爲精彩的小說，爲台灣社會樹立典範。但是，這樣的典範並沒有以文學形式出現，反而是陳映眞親自以小說的人物形象演出，告別了台灣，投入了中國。

我從來沒有看過，尉老師那樣感傷而孤獨走出辦公室。多少年來，我也爲自己的台灣想像感到苦惱。當我批判國民黨時，也情不自禁燒起台灣民族主義的野火。依據著一種非常簡單的邏輯思考，只要台灣民族主義戰勝中國民族主義，則懸宕已久的歷史問題就可得到解決。這樣的思考也押著我去看待文學與政治，事實證明全盤皆錯。

對他對我來說，二〇〇六是相當挫折的一年。文化大革命的歷史問題，在中國境內，在台灣統派，都鎖入沉默的檔案，化爲不見天日的幽暗記憶。我也見證到台灣民族主義獲得全面勝利，凡是腐敗的、墮落的，在本土旗幟下都贏得原諒。

在我非常幻滅的時候，尉老師並不幻滅。站在文學院的走廊，有一天他這樣堅定鼓勵著我：「芳明，好好地幹，我們台灣是有希望的。」我已經能夠理解他傳達的信息，批判的工作是不能懈怠下來的。他今年即將屆滿七十二歲，仍然還充滿創造力與戰鬥力。我去參加他的新書發表會時，聽到他公開承諾將繼續寫出系列散文。參與現代主義運動那個世代的作家，幾乎都已進入封筆的階段，他是少數幾位作家還在堅持創造，而且較諸早年作品還要活潑生動。《棗與石榴》是他最新的散文集，潛藏在溫暖筆調的背後，仍然透露著幽微的批判力道。他所說「好好地幹」，顯然不是徒託空言，就像他年輕以來的行事風格，只要是說出的，就是他能夠實踐的。

孫桂芝女士走後一年，我接到尉老師爲他夫人舉行畫展的邀請柬。我第一次看到如此典雅的請柬，封面是淡色的楷體字「終於開花了」。啓開扉頁，訝然浮現一幅粉紅絕美的百合。彷彿有一種從未預告的喜悅撲面而來，卻又暗自挾帶難以定義的悲傷。夫人逝世後，尉老師想必是接受每一個寂寞日子的鞭笞與拷問。他能夠回應的，竟然不是自傷自憐的情緒，而是字字句句累積起來的抒情散文。當年他所寫〈死亡與救贖〉的期許，竟然是由他自己具體實踐了。

坐在畫展與新書發表的會場，我靜靜翻閱孫女士的畫冊，在那幅寧靜而喧鬧的盛開百合的左頁，他題了一首短詩，第一節的三行有著生命復活的暗示：

終於開花了
經過一冬天的風雪
一冬天的冰存

一年過去了，是那樣幻滅的一年，從冬天到冬天。然而，尉老師堅持花開的心情，向著夫人的微笑綻放，也向著沉淪的人間升起。我知道，他有過閉門啜泣的時刻。經過那樣長長的傷痛之後，他終於開門，對著朋友，拈花微笑。

《聯合文學》二〇〇七年二月號

攝影／許鴻潮

寬容比愛強悍

夜航飛機自花蓮北行，越過蘭陽平原時，頓覺天地為之開闊。滿天星斗，滿地燈火，彷彿天上人間正在拍打著密碼，相互對話。縱一葦之所如，凌萬頃之茫然，當是我飛翔時的心情。機翼側斜，筆直朝向台北時，俯視的窗口容許我辨認黑暗中的海岸線。我不禁在心裡低語：「這是黃春明的土地。」不會錯，那是我曾經走過的沙岸，是黃春明小說中希望寄託的所在。

把黃春明與蘭陽平原視為同義詞，是我在「台灣文學史」課堂講授時的習慣。有那麼多小說家，以小說描繪他們賴以生存的土地，那是文學史上的尋常現象。只是我很少把王禎和與花蓮等同起來，或是把鍾肇政與桃園畫上等號，唯黃春明是例外。他可能是小說家裡最會說故事的人，不過，他的故事幾乎都可與真實生活對應起來。猶如詩人在生活細節中發現詩，黃春明在每位平凡小人物找到生動的故事。

我第一次聽他說故事，是在三十年前。那時他的〈鑼〉與〈看海的日子〉已在文壇引

黃春明於排練場。（攝影／林盟山）

起議論，〈蘋果的滋味〉則即將完成。那是一九七三年，我甫從研究所畢業，受邀在《書評書目》兼任編輯助理。黃春明撰稿的地方總是選擇在明星咖啡屋二樓，距離博愛路我的編輯部甚近。我常選在午餐時間順路去探訪他。以探訪來形容，可能較爲恰當。他撰稿時頗爲專注，一如自我囚禁。

他的摩托車若是停放在走廊，我就知道他正在樓上撰稿。黃春明的性格非常五湖四海，縱然彼此只是初識，他已毫不遲疑爲我傾囊說出無數精采的故事。認識還不到一個月，我幾乎已熟悉他半生的傳奇。我被他吸引，尤其是他的敘述，許多平淡無奇的情節都能編織成令人悲傷或令人莞爾的故事。在鄉土文學蔚為風氣之前，他可能是極其少數的作者，最早容許鄉間小人物進入小說的世界。可以毫不誇張地說，黃春明改變了我對小說的態度。或者說得更為精確一點，他的書寫提早預告了台灣文學的走向。

我之接觸文學，小說優先於詩，大約始於十六歲。我的閱讀，大多來自收藏有限的學校圖書館。整個高中時期涉獵的小說，如果不是朱西甯、段彩華、司馬中原的北方鄉土小說，就是鍾肇政、李喬早期為台灣省新聞處所寫的宣傳小說。我已習慣文學裡的英雄式人物，主題都從未偏離中國抗戰或台灣抗日。這樣的文學啓蒙，使我過早產生錯覺，以為凡是小說都必須健康，光明，寫實。很久以後，我才知道自己青春時期所讀的文學，從來就不是寫實的。那些英雄人格，在歷史上很少出現過，在現實中也非常不符人性。這些感覺，協助說明了我進入大學後為什麼漸漸遠離小說，而開始偏愛現代詩。我又重新專注閱讀小說，必須等到我遇見黃春明之後。

如果把七〇年代概括為一個歷史轉型期，想必可以獲得首肯。我第一次感受到台灣命運的飄搖，正是這個時期。釣魚台風波、退出聯合國、與日斷交的重大政治事件，對於開始學習獨立思考的歷史研究生，我必須承認，在心靈深處誠然發生震盪式的衝擊。深鎖在書房閱讀時，我其實是處於恐懼狀態。幾乎每天起床就怯於翻閱報紙，很擔心斷交消息又占滿頭版。最使我焦慮苦惱的問題是：如果台灣不能代表中國，這座小島是什麼？在學校我不敢提問，自然也不敢尋找答案。在《文學季刊》，當我讀過〈看海的日子〉與〈甘庚伯的黃昏〉，彷彿在迷霧中驟然有了啟悟。反反覆覆讀著黃春明的小說，強烈感受到在社會底層蘊藏著豐富活潑的生命力。白梅與甘庚伯，全然不具英雄人格，在卑微中自有一份人的尊嚴。我終於理解，他們的韌性與無畏，並不訴諸高深理論，只不過是素樸地對自己的土地擁有信仰。

這是我前所未有的覺悟。藉由閱讀當時以自由主義自命的《大學雜誌》，我飢渴般咀嚼海外知識分子的思潮介紹，卻找不到確切的答案。他們帶給我的知識訓練，我覺得抵不過黃春明一篇小說的說服力。我常聽到一種說法，小說家的任務是在發現問題，而不是解決問題。然而，黃春明無疑是解決了我當時的徬徨困惑。我想問的是，爲什麼在他之前沒有人寫這樣的小說。如果認眞追究，我應該會發現五〇年代的鍾理和。只是鍾理和的早逝，遮蔽了我的歷史記憶。

黃春明確實預告了小說發展的走向，當然也預告了我日後的轉變。那時我正主編《龍族詩刊》，在一個夏日下午，我捧著印刷猶新的詩刊，連同我剛出版的詩集《含憂草》，鄭重置放在他寫稿的桌上。我期待他會有任何評語，那天他只是微笑接受，翻閱後不說一句話。下次與他見面時，隔著咖啡桌我看到未曾見過的神情。他只微微提問：「你知道自己在表現什麼嗎？」我未及回答，他又說：「如果是不熟悉的，你就不要寫它。」到今天我還清楚記得他的問話，那大概是寫詩以來受到最深刻的批評。

黃春明所說的熟悉，其實是意味著誠實。詩的追求，在於抵達眞實的感覺。在那個時期，我太過於溺愛文字修辭；迷信美麗的詞彙，迷信浮華的字義。我自認為寫詩是一種創造，詩評也是。但從未自問，創造的基礎是什麼？當時詩人之間流行的語言，如飛躍的想像，聯想的切斷，為世界重新命名，這些抽象概念都是我的風尚與膜拜。黃春明的點撥可能是無心，對我竟是罕有的震動。

熟悉是什麼，誠實是什麼，我在他的小說逐漸得到印證。在我出國之前的那個春天，〈蘋果的滋味〉與〈莎喲娜啦，再見〉付梓問世不久，引起報刊雜誌的討論。我才明白，文學原來是可以干涉氣象。我在輔仁大學兼任一門「中國近代史」的課程，在最後一週特地介紹這兩篇小說。猶記得那是我授課以來，學生討論最熱烈的一次，也是我在畏怯的年代迂迴批評現實政治的一個嘗試。畢竟兩篇小說都觸及相當敏感的議題，分別批判了親美與親日的文化。

作為一個歷史研究者，我開始相信，小說其實也可以寫歷史。我讀那時的報紙，幾乎滿版都是官方語言；偶有微弱的批評，也只能寫出那時代的表情，無法直抵社會真正的心情。黃春明藉著小人物的哭笑戲謔，挖掘了知識分子不能觸及的痛處。黑暗中人群使用的語言，沒有修飾，沒有儀式，由於處在權力的最底層，反而能夠道出什麼是被壓迫的滋味。他在小說中形塑的悲憤，如今已公認是台灣文學中極為經典的批判。

我在一九七四年出國前，已經見證《鑼》與《莎喲娜啦，再見》，爲鄉土文學運動拉開序幕。他持贈的兩冊小說，隨我漂流到雪地的西雅圖。我未曾預見那是放逐生涯的開始，也未曾想到黃春明日後會拒絕自稱鄉土作家。我頗好奇他的疏離態度，尤其在鄉土文學運動漸臻高潮之際。遠在海外，我還是能夠感受台灣歷史的節奏不斷加快。政治的黨外民主運動與文化的鄉土文學運動，是以雙軌方式推動歷史前進。我錯過了那樣的關鍵時刻，在社會轉型的重要階段，因缺席而繳了白卷。

一九七六年，黃春明接受一個基金會的邀請訪問美國，第一站正是西雅圖。他在我的學生宿舍住了三天，談話中我對離家後的台灣社會才有較清楚的瞭解，也理解爲什麼他不認爲自己是鄉土作家。沒有一種文學是需要任何標籤，也沒有一位作家需要任何封號，作品本身就是最好的定義。從歷史的角度來看，鄉土文學自有其一定的政治意義。至少在威權時期，鄉土文學運動以畫清界線的方式區隔文藝政策下的官方文學。這樣的理解若是沒有錯，鄉土文學在那段時期自然有其一定的歷史任務。然而，當運動形成風潮時，不少作家開始向鄉土靠攏。不曾有現實生活經驗的作家，不曾與社會底層人物有過接觸對話的作家，一夜之間都性急地自稱鄉土作家。

文學從風尚變成氾濫時，作品不再是承載藝術，反而爲意識形態的容器。文學可以表達政治，但不能淪爲政治工具。對黃春明來說，文學與生活相互爲用，那是藝術的最高表現。應該是藝術本身撐起文學，不是鄉土的標籤取代文學。七〇年代中期以後，作家大量加入鄉土文學陣營，文學的藝術精神反而被犧牲了。從這個角度來看，黃春明的選擇應該

在愛的情感之上，應該還有更高情操的寬容。這是他給我的最深刻的文學教育，因為這樣的啟悟，也刷新我對黃春明小說的解讀。（攝影／林盟山）

得到認同。

他從美國回到台灣時，正好迎接風雨欲來的鄉土文學論戰。我清楚看見，許多以鄉土自命的作家，在論戰中保持高度沉默。我在遠洋寄來的《夏潮》雜誌，閱讀黃春明的一篇演講稿：〈一個作者的卑鄙心靈〉。將近兩萬字的演講，沒有隻字片語提到鄉土文學。讓我更加注意的是，通篇文字沒有攻擊或批評其他作家。這可能是論戰火焰最烈的時刻，帶來最冷靜的思考。即使今天重新閱讀，我還是會產生悸動。他把自己的作者生涯作爲唯一批判的對象。做到那種辛辣的自我攻訐，尤其是站在眾多學生之前，絕對不是虛矯。敢於挖出自己，讓讀者看到一位作者的幽暗，他的勇氣恐怕不是論戰中的許多鬥士能夠比並。他在演講中提到的「黃春明」，其實是許多文學現象的縮影，是無數作家行爲的集成。黃春明率先把自己送上手術檯，大膽進行自我解剖，等於是劃開了鄉土文學的黑暗心靈。在現代主義作家遭到烈火攻擊時，黃春明已經看到鄉土作家的欠缺反省。

不能理解他的人，總會在他的小說或言論發現不快。現代主義者可能不喜歡他，鄉土作家更不喜歡他。藝術既然是在追求眞實，作家就不可能不說出眞話。多年以前，他對我說的話：「如果是不熟悉的，你就不要寫它。」三十年來，他的生活與創造都可以用這句話來檢驗。凡是說出，就是眞誠。

他在二〇〇四年受邀成爲政大的駐校作家時，每場演講都吸引無數學生。坐在聽眾中間，我看到他的亂髮如昔，神情帶點滄桑，卻還是保持幽默的活力。他的演講結束時，我才發現自己那種容易感動的脾性並未泯除。在恰當時刻，他自我調侃的本色不禁流露出來。他的批評從不傷害任何人，字字句句的責備都是朝向自己。當他提到自己的荒謬可笑，毫不例外都會造成聽眾譁然。但是笑聲過後，不少人會主動對號入座，發現自己同樣也有一個「卑鄙心靈」。

駐校作家結束不久後，突然傳來他的孩子黃國峻自殺的消息。我完全無法接受，更無法想像黃春明是如何自處。我不敢給他電話，深怕不慎又觸痛他的情感。我只見過國峻一面，在板橋林家花園的南管演出，他與黃春明夫婦一起出席。這位年輕富有才氣的作家，看來是羞澀內向，不苟言笑，與他所寫的幽默小說全然兩樣。黃春明每次聽到別人稱讚國峻的小說，會立即回應：「這跟我沒關係，國峻都只寫他自己的。」語氣中有幾分喜悅，也有幾分驕傲。他們父子之間的感情，非常緊密，但比較像朋友那樣。我常常想像，那麼開朗的父親，與那麼纖細的孩子，會是如何相互對話？

從報紙，從朋友，我慢慢知道國峻爲什麼決定選擇自己離去的方式。事情發生的一週，從每天的報導我終於拼湊出一個圖像。國峻愛慕一位女性作家，卻找不到出口。對於一位外在世界已夠狹窄，而內在世界又被封鎖的年輕作家，他的痛苦煎熬幾乎可以想像。有些作家以公開或迂迴方式譴責這位女性作家，使用了許多嚴厲的審判語言。

舉世滔滔之際，我在報紙只看到黃春明這樣回答：「如果她是我孩子所喜歡的，請大家不要傷害她。」陷在傷痛之中，竟能說出如此冷靜豁達的語言，彷彿是一記重重的拳頭打在我的胸口。聽來是那樣使人心痛，卻又催醒我無以自遣的哀傷。誠實說話的黃春明，讓我眞正理解更深一層的眞實。我突然覺悟，過去我解讀他的小說，方向可能是不正確。就像坊間的批評家那樣，我在課堂上講授黃春明文學時，刻意強調他所傳達的同情與愛。母親之愛，台灣之愛，土地之愛，幾乎是我在詮釋時不斷重複的語言。而這樣的語言不正是庸俗的鄉土作家最擅長使用？那麼多年來，我以這種固定的思考來理解黃春明，恰恰又把鄉土的帽子戴在他頭上。

在愛的情感之上，應該還有更高情操的寬容。這是他給我的最深刻的文學教育，因爲這樣的啓悟，也刷新我對黃春明小說的解讀。爲什麼甘庚伯心甘情願照顧一位長年精神失常的孩子，爲什麼白梅能夠以更開闊的胸懷重新面對過去看海的日子。只是簡單以土地之愛或母性之愛的解釋，並不足以探測小說的藝術深度與高度。情愛是平面，情操才是立體。愛是有所選擇，寬容才是涵納一切。

我終於必須承認，寬容比愛強悍。

強悍的力量改變了我的文學態度。追求生命的最高藝術，並非只是營造一篇絕美的作品，應該是以勇氣具體實踐自己的信仰。當他要求大家不要傷害那位女性作家，寬容不再是空洞的字眼，而是使世間無謂的審判停止下來。當他不能保住孩子的性命，他立即保護孩子的所愛。他說出那句話時，我更加能體會他對孩子的感情是何等深不可測。

黃春明畫室與次子國峻的畫像。（攝影／林盟山）

二〇〇五年春天，我與黃春明夫婦旅行到歐洲時，依舊笑談風生，彷彿在這之前什麼事情都從未發生。在一家西班牙餐館午膳時，他們接受當地記者的訪問。他們靜靜提起國峻的事情，語氣未有任何波動。訪問結束時，只聽到黃夫人美音平淡地說：「我們只是覺得不捨。」不捨的豈止是他們夫婦，我的世代，國峻的世代，失去了太多太多。

很久以前，黃春明告訴我關於童年的一些記憶。他說，母親去世時，他非常悲痛。祖母安慰他：「地上走了一個人，天上多了一顆星。」如果想念母親時，就抬頭眺望天上的星。這是我初識黃春明時，聽到最美麗也最傷心的一個故事。國峻離去之後，我常常告訴自己，天上多了一顆星。夜行的飛機航向滿天星斗時，黑暗中的什麼地方，應該有國峻的眼睛，偕同繁星，以閃亮的光，寬容照耀著蘭陽平原。

《印刻文學生活誌》二〇〇七年三月號

希望樹

攝影／黃筱威

1.

谷清子是最早出現在我青春軀體的女子。如果必須承認她是生命中的第一位性啓蒙者，我應該不會逃避。每次記起谷清子的形象，愉悅與痛苦的感覺就會同時降臨。那奧祕之花初放在十六歲那年，綻開之後便永恆鑲在我的記憶。直到向晚欲暮的今天，神聖的谷清子不期然浮現時，那年混融在一起的快樂與悲哀依然纏綿如夢。她對我的意義，恐怕不會只是情欲的象徵；伴隨性啓蒙而來的衝擊，竟也是早年的文學啓蒙。

那是絕望的愛。比起青春時期的友伴，我早熟地嚐到什麼是絕望的滋味，什麼是愛的滋味。以現在的語言來說，谷清子是一位熟女。如果藉用王文興的筆法，我的絕望應該是生命中的一種欠缺。但比起王文興所寫的小說〈欠缺〉，那也許在現實中曾發生過，而我卻完全囚禁在自我的想像。

蒼白的十六歲啊，做了一場愛戀未遂的夢。谷清子是鍾肇政第一部大河小說《濁流》的女主角。但是，我必須冒昧地說，在我青春的閱讀經驗，鍾肇政這位作者最初是無足輕重，眞正造成我震盪無比的反而是虛構的谷清子。我第一次那麼專注地追蹤閱讀連載小說，爲了避免忘記故事的來龍去脈，還養成剪報的習慣。在《中央日報》連載的這篇小說，逐日都附有插圖。開始引起我好奇的，是小說中的主角陸志龍去拜訪谷清子時，她正

鍾肇政（攝影／林盟山）

浴罷裸著上半身。我在一個夏日的午後偶然看到了插圖，是一個裸女的畫像。我頗震驚報紙竟然會有如此露骨的描繪，然後仔細讀著小說的字句：「我趕忙側開了臉，可是在那短短的一瞥裡，那雪白的肌膚和碩大豐滿的雙乳，已經烙進我的眼底。」就在那個時刻，我幾乎與陸志龍完全一樣：「登時有一股血潮沖上腦門，陣陣地衝擊著。」那種暈眩狀態，在鍾肇政筆下尤其傳神：「我氣息都窒住了，我竭力遏止著渾身震顫，可是怎麼也不能克制自己。」

讓我全身顫慄不已的那個下午，開啓了我有生以來未曾有過的對女體的想像。從那天開始，我立即變成小說的忠實讀者。我忠實地追隨陸志龍的想像與憧憬，與他一起追求不能完成的愛。十八歲的陸志龍，僅僅大我兩歲。他是師範畢業生，在分發任教的小學遇見同校日籍老師谷清子。她是一位日本出征軍人的眷屬，年紀稍長於陸志龍。在他們之間，存在著殖民者與被殖民者的身分差異，也存在著語言文

鍾肇政頒獎給拓拔斯。（《文訊》雜誌提供）

化的落差，更存在著已婚者與未婚者的距離。戰爭到了末期，兩人的愛情卻正花開。在小說裡，我看到成人世界的惆悵、缺憾、苦悶，也看到台灣歷史的抑鬱、沉重、損害。

鍾肇政以一位小說家的姿態介入我的生命。年輕的身體正在膨脹之際，他是最早爲我創造想像的作家。青春是那樣冗長而荒蕪；如果有夢，竟是帶來試煉與折磨，並且永遠沒有實現的時候。鍾肇政從來不會知道，他的小說在六〇年代初期的南部小鎭不經意開了花。病態的花，使一個青年的身體發燒灼熱。鍾肇政當然也不會知道，那場瘟疫式的疾病帶著這位青年進入成人世界。那個世界，有時非常潮濕，近乎邪惡。那個世界，有時也變得特別明快，永遠有一個夢等待追逐。

如果沒有鍾肇政的小說，我的高中生涯會不會過得如此惱人而迷人，至今還沒有確切的答案。我能夠確信的，爲我播下最早的文學種籽，一定是鍾肇政無疑。在我考上大學之前，每天放學回家的必做功課，便是拾起報紙讀完他連載的小說。很久以後，我才知道那竟是他生命中的經典作品《濁流三部曲》。這部大河小說見證了我青春的完成與未完成，它必然也已看見我情慾的漲潮與退潮，都與陸志龍的愛戀一起升降。在軀體膨脹與萎縮的過程中，由於小說的點撥，我的文學想像與欲望也從此開啓了。

他是看不見的作者，是我青春時期隱而未現的靈魂。他不僅創造了陸志龍與谷清子，也同時創造了十六歲的我。當我開始偏離小說的酷嗜，漸漸朝向現代詩的耽溺時，總以爲鍾肇政的影子撤退到遠遠的背景。整個大學時代在現代主義思潮裡求索之際，才發現他的名字未嘗離開我的生活。對外國文學的興趣，讓我也捧讀起翻譯作品時，我在《純文學》

發現了鍾肇政所翻譯的《砂丘之女》；後來，又立刻發現他與張良澤合譯的《金閣寺》。縱然譯文並沒有讓我克服語言的隔閡，畢竟也容許我窺探了東洋文學的瑰麗想像與詭奇心靈。因爲他的牽引，我延伸自己的閱讀脾性，銜接到許多日本作家，夏目漱石、芥川龍之介、谷崎潤一郎、太宰治、川端康成、三島由紀夫……。

鍾肇政爲我架起的知識橋樑，一方面指向日據台灣歷史，一方面聯繫日本現代文學。在我一生的文學追求中，他協助我奠下美學的基礎。無論後來自己建立起來的審美有多華麗精巧，都必須穿越最初的素樸淡雅。我從來不會誇大鍾肇政在我的文學旅程的分量，但絕對不會否認我當年是如何啓開文字技藝的閘門。他在我早年留下的烙印與足跡，都在我跨過五十歲後撰寫台灣文學史時，再度鮮明起來。我始相信，所有的閱讀都不會浪費。文學之美，往往是經過細微的累積。我今天能夠對文學史上的作家與作品進行評價，全然來自長年的閱讀與再閱讀。回首望向我的年少，眺望文學閱讀的另一端，依稀可以看到一個穩定的身影。他，就是鍾肇政，現在我尊稱的鍾老。

2.

我在一九八四年於西雅圖初遇鍾老時，距離我最早捧讀《濁流》，已超過二十餘年。看到他奇異的打扮，頗覺錯愕。如果沒有記錯，他頭戴獵人帽，身穿紅色格子花樣的長袖棉質襯衫，配著藍色牛仔褲。我心裡在想，色調如此不搭，應該不會是一位很有情調的人。我載他去港口眺望廣闊的海灣時，他才侃侃談起自己獨撐《台灣文藝》的經驗，以及他創作長篇小說的甘苦。稍稍理解他內心幽微的情緒之後，我發現他頗具幽默風趣。談話時，他的國語帶有濃厚的客家腔，我彷彿被他帶進小說的情境。我沒有機會告訴他，《濁流三部曲》的書寫，其實也再書寫了我的青春。在驅車途中，他談了許多吳濁流的事蹟。台灣文學的戰後傳承，在他短短的敘述中，我立刻獲得清楚的圖像。

吳濁流一九六四年創辦《台灣文藝》，直到一九七六年去世時，前後獨力經營了十二年。鍾老立刻承接這份刊物，使民間的文學生產力不致中斷。回到七〇年代的歷史，當可明白接編這份刊物是何等艱辛。尤其是鄉土文學運動正遇到政治權力的干涉，凡屬台灣文學運動陣營的作者，幾乎都可感受時代的壓力。那是危疑的時刻，鍾老勇於出面，承續編輯工作，不僅在於延續吳濁流的文學精神，也在於使新世代作家的文學生產有了一個靠岸。

曾經在現代主義運動中漂流的我，在那段時期，對台灣文學才有了深刻的覺悟。如果我不能為長期受到邊緣化的台灣文學辯護，如果我不能以海島歷史的視野瞭望自己的文學，那麼，等於是承認

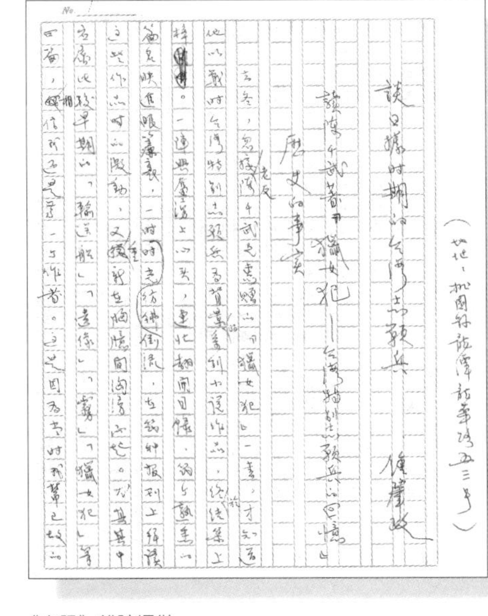

《文訊》雜誌提供

官方的權力支配是成功的，而且也無異爲它合理化。雖然他已把《台灣文藝》的工作轉交給陳永興，我向鍾老承諾將付諸行動，把新稿寄給這份富於歷史意義與文化象徵的刊物。

鍾老的西雅圖之旅，帶給我最大的喜悅，莫過於他答應在返台之後著手翻譯吳濁流的遺稿《台灣連翹》。從一九八二年開始，我接受林衡哲的邀請，參與他籌組的「台灣文庫」編輯。這套文庫最初的希望，便是把當時在台灣被查禁的作品重印，在海外華人社區流通。吳濁流的《無花果》在七〇年代初期出版時，旋即遭到查禁。我編輯文庫時，便以這本書作爲出版的第一冊。付梓問世後，頗受海外讀者的歡迎。那時，我知道吳濁流還有一份遺稿，據說他聲明必須在去世十年之後才能出版。我問鍾老是否看過《台灣連翹》，沒有想到他說原稿就存放在他那裡。我感到驚訝，卻又雀躍不已。總以爲文學史上的人與事是那麼遙遠，但只要心存關懷，竟變得那樣貼近。他欣然答應返台之後就進行翻譯。

這項承諾，鍾老看得非常嚴重，那既是他對吳濁流的應允，也是與我訂下的信約。然

攝影／林盟山

而，就在著手翻譯之際，鍾老的長子鍾延豪卻遽然發生車禍去世。喪子之痛，對他而言，顯然不是垂老之年所能承受。我想，翻譯的工作可能會停頓下來。我不敢寫信給他，深怕會帶給他壓力。一九八六年晚春，突然收到鍾老的來信，表示《台灣連翹》已經譯竣完工。信中的字裡行間，似乎有著喜悅之情，卻隱隱抑制一股哀傷。在那樣困難的階段，我幾乎可以想像他是憑藉自己的意志兌現承諾。

我第一次感受到鍾老的內在毅力，因為有那樣的領受，我才更清楚為什麼在漫長的書寫生涯中，能夠完成《濁流三部曲》、《台灣三部曲》、《高山組曲》多部大河小說。即使到今天，還沒有一位作家超越那種豐富的生產力。他的譯稿寄到美國時，我不能自已地連夜捧讀。我當然是好奇吳濁流為什麼留言必待死後十年才能發表，而我更好奇鍾老的譯筆是在怎樣的心情下持續堅持下去。吳老與鍾老的形象同時浮現在我眼前時，我更明白台灣文學是何等不可輕侮。

《台灣連翹》不僅僅是一部自傳，而且也是一部悼祭書。吳老所要悼祭的是當時被視為高度政治禁忌的二二八事件，這也是為什麼他留下等待十年的遺言。鍾老選擇在戒嚴時期還未解除之際，毅然承諾進行翻譯，誠然有一種過人的勇氣。對我來說，他的具體實踐已遠遠超過所謂的文學教育。我在這本書的編輯寫下這一段話：「吳老所期待的時代，仍然還沒有出現。他的思想，領導了我們的時代，也超越了我們的時代。《台灣連翹》的誕生為我們預告：台灣人的時代終要到來。」我會寫出這樣的文字，無疑是吳老與鍾老給我無比的信心。再過一年，亦即一九八七年，在台灣實施三十八年的戒嚴體制正式宣告終結。

歷史衝擊的力量特別強悍，彷彿在推動著我必須做好返鄉的準備。就在我望鄉激切的時刻，斷斷續續與鍾老保持信件往來。他寫給我的航空郵簡，每封都毫不例外寫得密密麻麻。他的字跡俊秀飛揚，筆劃留下遺痕，字與字之間相互聯繫著，幾乎可以推見他落筆時是文思泉湧。信啓處，照例是親切的稱呼：「芳明老友如晤」。這種毫無距離感的談話，常常使我在異鄉之夜再三取出書簡反覆閱讀。歷史的力量其實是透過他的筆跡對我召喚，我無法抗拒台灣的誘惑。

3.

眞正踏上台灣的土地，是在一九八九年七月。進入國門之初，我向記者表示：「我從未缺席，而只是晚歸。」接受訪問時，我也這樣回答：「這次回來不是爲了懷念過去，而是要瞭望台灣的未來。」在心靈深處，我有一股不可抑制的悽愴。夢中熟悉的台灣，其實已經被改造成一塊陌生的土地。站在多年前徘徊過無數次的街頭，才驚覺所有的舊夢已經蕩然無存。那種失落感，帶來一種強烈的死亡氣味。但是，我並未忘記回台的一些心願，至少有兩位文學長輩必須前往拜訪，一是高雄的葉石濤，一是桃園的鍾肇政。

在強烈的陽光下，鍾逸人先生開車載我到達龍潭。鍾逸人是二二八事件的參與者，那年才完成一部厚厚的回憶錄《辛酸六十年》。進入小鎭時，竟然看見鍾老已在門口等待。

桃園是孕育鍾肇政文學的主要據點，我似乎已熟悉這裡的風土人情。讀過他的大河小說，以及短篇小說集《大壩》、《大圳》、《中元的構圖》，都可理解這個小鎮所代表的意義。

推開住宅的門，就是客廳。從桌椅的擺設，就可感覺到鍾老的生活極其樸素簡單。他的生活品味和小說風格全然沒有兩樣，眞實而富於人情味。他帶我到二樓的書房，滿架的藏書俯視他的書桌。鍾老談話時，總是側耳傾聽。自早年以來就患有重聽症，再加上視力減退，我可以看出他很認眞專心在聽旁人說話。即使他長居在寧靜的鄉下，對於小鎭以外的世界，他從未放棄觀察，也從未放棄介入。兩位鍾先生談起政治時，音量升高，情緒極爲高亢。

我安穩坐在那裡，靜靜端詳他的神情。這位以文字寫出一生的作家，似乎沒有什麼可以使他恐懼。當我問他是不是還在寫小說，鍾肇政的眼睛瞪著我：「當然還在寫，而且是寫二二八事件。」原來他的另一部長篇小說《怒濤》，已接近殺青階段。這時我深深感受到，那個事件是一生的夢魘。吳濁流執意寫出他的回憶錄，鍾逸人堅持要完成自傳，而鍾老持續創作歷史小說，都是圍繞著共同的傷心記憶。我第一次看到文學長者是如何洗滌生命中的陰影。書寫是一種療傷，這是女性主義理論最常說的話。對

鍾肇政攝於「鍾理和紀念館」落成典禮上。（《文訊》雜誌提供）

99.11.

鍾老小說讓我過早地嚐到成人世界的絕望滋味。在曲折的知識成長過程中，我也真實地體會過什麼叫做絕望。（攝影／陳文發）

於受過威權統治的台灣人來說，這句話尤其眞切。正視曾經有過傷口，並且把深層的痛苦藉由文字釋放出來，應該是對黑暗歷史最恰當的回應。

鍾老也反問我：「你的《謝雪紅評傳》何時可以完成？」他可能是無意的追問，對我卻覺得好像是在責問。面對這位從不懈怠的長輩，我只能漫應，表示自己還在努力。他的期待，似乎是想知道戰後世代的知識分子是如何看待歷史。

那次的返鄉之旅刷新了我的歷史意識。戒嚴體制結束之後，社會底層有多少心靈、多少人格需要重整。我總以爲自己的歷史書寫是一項從容的工作，可以隨著時間慢慢完成。但是，拜訪鍾老以後，才警覺到時間並不是站在我這邊。他對歷史與時代敏感，比我還要強烈。從他的言行來看，就可以理解歷史意識在他的文學生涯中所具的分量。威權體制的終結，猶如一場戰爭的收尾，留下的廢墟應即時著手整頓。解嚴時代的到來，並不是純然以喜悅心情來迎接，還應該記取有多少心靈亟待治療撫慰。精神上的斷垣殘壁，需要更豐饒的文化生產力進行重建。寫過那麼多長篇小說之後，鍾老並不感到滿足，他必須寫出另一部有關事件的歷史小說。那種細緻的暗示，對我幾乎可用「於無聲處聽驚雷」來形容。

在我返美登機前，鍾老央人送來一幅書法。我打開來看，赫然是「怒濤」的兩個巨大行書。筆鋒呈龍捲之勢，帶著懾人的氣象。旁邊落書兩行楷體：「小說新稿甫告完成，特書書名以贈芳明老友」。怒濤意味著什麼？我相信那不是靜態的書名，而是揭開他內心怒

發揮硬頸精神

千禧年春 鍾肇政題

潮洶湧的思維，是他的文學想像未嘗稍止的象徵。他特意書贈給我，不就是在催促我必須加速完成那冊歷史傳記。

回到美國後，重新把停頓已久的稿紙取出，開筆寫下《謝雪紅評傳》的後半部。在文字煎熬的過程中，有幾度我疲憊得想要逃避。但是，看到牆上的「怒濤」字幅正逼視著我，夜深時刻我終於還是振作起來，繼續書寫下去。那可能是所有撰稿經驗最爲艱難的階段。只因爲太多的歷史問題有待解決，我卻找不到可以對話的研究者。在大量的史料閱讀之外，還要投入考據工作。然而，那也是我少有的喜悅時刻，每當一些疑點得到解決，一些縫隙獲得填補，就覺得自己距離竣工階段更加接近。我停留在怒濤的狀態，在無言的深夜默默向遠在台灣的鍾老許諾。

一九九一年七月評傳出版時，在台北耕莘文教院舉行新書發表會，沒有想到會場竟湧入四、五百位讀者。面對那麼多聽眾時，我第一次感到自己的書寫，彷彿也匯入歷史衝擊的洪流。我看到鍾老就坐在第一排，全神貫注傾聽演講者的介紹。站在台上我暗自對著鍾老說話：「這本書是向你兌現我的許諾。」

發表會後又過一週，我拜讀了鍾老在《自立晚報》的《筆會月報》所寫的文字，題目是〈揭開歷史黑暗的一角——參加陳芳明《謝雪紅評傳》發表會有感〉，對我的新書表示肯定。他說，這本書「無異於一把尖銳的刀口，把層層重幕劃開一條縫，讓我們窺探到當權者刻意圈圍起來的禁地一角」。他所說的歷史禁地，指的就是台灣左翼運動史。那篇文章還進一步期許，希望我能繼續寫出台灣文學史。再過十年，我終於提筆，追逐憧憬中的文學史書寫。

遠在十六歲那年，鍾老小說讓我過早地嚐到成人世界的絕望滋味。在曲折的知識成長過程中，我也眞實地體會過什麼叫做絕望。然而，就像鍾老的大河小說那樣，絕望是生命中的一種動力。如果不放棄，絕望往往可以翻轉成爲希望。在我青春體內，鍾老不經意播下種籽，任其隨意生長。以鍾老的生命作爲借鏡，絕望的種籽也可栽成一棵希望樹。那棵樹以音樂的速度在我生命裡緩緩升起，它出現在里爾克詩的夢幻，也出現在鍾老大河小說的現實。

《印刻文學生活誌》二〇〇七年六月號

現代主義的表妹

攝影／IVY

1.

哥倫比亞大學的陽光很亮，很飽滿，卻未攜來溫暖。四月微風拂過校園時，還是挾帶著大西洋襲來的寒意。我與施叔青急急走過校園，爲的是趕赴一場以「書寫台灣」爲主題的學術會議。在匆忙的步行談話時，我可以感受到她正陷於極端的苦惱。

那是二〇〇二年的事，她完成《香港三部曲》已經五年，正在構思下一部小說的書寫計畫。當她緊鎖眉頭，我似乎感知將有一樁事件就要發生。認識她二十餘年，我恰巧都是她寫作工程面臨轉折時的見證者。校園已有一些含苞的花等待綻放，瘦骨嶙峋的枯枝也已忍不住冒出早到的葉芽。她完全沒有心情觀察，卻只是專注問我有關清代台灣移民社會的史料。交到一位朋友像她這樣認眞其事的作家，我也很難輕鬆。

施叔青的苦惱是有理由的。《香港三部曲》引發的議論，如漣漪般擴散，搖晃之處，波動不止。在台灣，香港，日本，美國，甚至遠在歐洲，圍繞這部歷史小說所釀造出來的研究、評論、座談，即使到今天也未嘗稍止。讀書市場對她的期待是那樣強烈，她承受的壓力自是可以想像。被視爲施叔青文學生涯中藝術峰頂的三部曲，已爲她自己構築一個障礙。緊接而來的考驗便是如何跨越這道障礙，再創另一新的藝術高度。

遠在紐約，她整個思考都集中在台灣。如果說她完全被囚禁在自我的焦慮，也是不正確的。寫完大河小說之後，她的生產力還是保持強悍傲慢。越過一九九七年之後，她持續出版《耽美手記》、《回家，眞好》、《微醺彩妝》、《枯木開花》、《兩個芙烈達．卡蘿》、《心在何處》。這種旺盛的書寫，不要說對照一九六〇年代與她同時出發的作家，

施叔青（攝影／陳文發）

即使與年輕世代的寫手相互比並，幾乎沒有人可以追趕。縱然如此，在她內心深處卻燃燒著一股飢渴的創造欲望，她要爲台灣寫史立傳。香港的故事，耗去她生命中最美好的時光。從一九七七年到一九九四年，也就是從三十二到四十九歲，她把成熟的、最佳狀態的文學技藝，都投注在南中國海邊緣的小小孤島。長期在異域的漂泊，使她熟悉的台灣反而翻轉成爲一個陌生的夢。

十六歲從鹿港啓程航向文學海域時，似乎就已預告她往後的歲月注定是不停的遷徙流離。從海島台灣被推湧到美國東岸，又從紐約曼哈頓島浮游到孤島香港，每一座浮島串起她不止不休的飄流命運，使她距離自己的原鄉越來越遙遠。她的書寫，抗拒著被遺忘，也同時抗拒著隨波逐流的命運。她害怕的是，被鹿港遺忘。

她在一九八四年到達西雅圖時，我正回到華盛頓大學撰寫博士論文。已經忘記當時談話的內容，不過依稀記得她問了我許多台灣歷史的問題；在那段時期，敢於與我見面的人並不多，因我已被歸檔在思想犯的行列。到今天她還記得，我駕駛的車子尾部有一張綠色貼紙寫著：「I LOVE TAIWAN」。我不知道她爲什麼對那張貼紙感到興趣。隱隱約約我似乎可以體會，她非常想家。我很感激她來看我，至少她很關心我所參與的政治運動。她離開之前，我持贈一部才剛出版不久的史明《台灣人四百年史》。

對於那部贈書，我已都忘記。多年以後，我與她在《中國時報》對談時，她卻突然提起這件事。她說，在認同的問題最感困擾的時刻與我見面，並且讀了那冊歷史書籍，使她的疑惑得到解答。那樣不經意的記憶，對她竟然具有雷霆萬鈞的意義，全然出乎我的意料。那段時期，她的香港故事系列已臻於圓熟階段，《愫細怨》與《情探》兩冊短篇小說集，頗受台灣與香港文壇的肯定。但是，她顯然志不在此。肉慾橫流、飲食男女的上流社會眾生相，固然能夠觸探人性的眞實，卻似乎還未到達她企圖探測的深度。她繼續寫《韭菜命的人》時，文學追求漸漸出現自我掙扎的跡象，只是還未確定將要選擇的方向。

一九八七年我第一次旅行到香港時，才發現她好像比本地人還更清楚這座小島的歷史。我們坐在高樓面對維多利亞港灣，她一面啜飲咖啡，一面告訴我許多香港的傳說與掌故。那時，她想說的，大概就是一部長篇小說已在醞釀之中。事後證明我的猜測沒有錯。再過三年，引人議論的《維多利亞俱樂部》正式出版問世。以小說干涉歷史，施叔青並不是第一人。但是，在台灣女性作家中，她應該是第一人這樣嘗試。

《維多利亞俱樂部》對她的文學信念與技巧，都富有高度的歷史暗示。這部小說撰寫於天安門事件發生前後，書中的時間暗示與政治隱喻，昭然若揭。百萬香港居民手持燭光靜坐抗議，遙遙聲援北京天安門民主運動的場面，使她事後回憶時，仍然血脈賁張。她後來跟我說，天安門事件徹底使她從中國夢想中醒轉過來。在靜坐示威期間，她每役必與，從未缺席。她深深體會，天安門民主運動受到的血腥鎭壓，已經明白對未來的香港命運投射強烈信息。

從創作歷程來看，這冊小說第一次滲透強烈無比的歷史意識。撰寫香港愛情故事時，她對中國還懷有無以言說的依戀孺慕。當她目睹青年學生被坦克車輾壓過去的殘忍鏡頭時，所謂社會主義的崇高理想剎那間全部遭到摧毀。這部小說以審判故事爲主軸，但是在流動的敘述中，施叔青已經拉出一條鮮明的軸線，清楚點出香港居民其實是有香港意識的。

沒有《維多利亞俱樂部》的完成，就沒有足夠的力道引導她到達【香港三部曲】。我在一九九五年離開政治運動前，在台北觀賞「漢唐樂府」的南管演出時，巧遇已經返台定居的她。當時她已出版《她名叫蝴蝶》與《遍山洋紫荊》，其中的華麗文字，緊湊結構與歷史敘述，頗使台灣讀者大開眼界。中場休息時，她說回到台灣的感覺非常好。我則回應她，離開政治的感覺也非常好。溫暖的土地迎接她時，她的文字創造絲毫沒有停頓下來。因爲，她必須與時間競賽。第三部小說《寂寞雲園》，她決定要在一九九七年香港主權移交北京之前全部殺青。這項書寫工程，完全是爲了給自己的心情一個交代。在那個時刻，我對她的文學信念有了更爲澄明的透視。她的談話使我終於覺悟，原來三部曲的企圖不只在重建歷史敘述而已，還進一步干涉現實政治。

回到學界的我，與回到台灣的她，彷彿找到一個較爲從容的空間，容許彼此交換更爲深刻的文學思考與政治理念，而且也容許我重新閱讀她全部的文學作品。她豐饒的文學格局，必須等到我講授台灣文學史時，才眞正得以窺探全貌。戲劇的、散文的、評論的施叔青，都在小說以外一一浮現。

2.

台灣與香港的歷史命運全然兩樣，然而殖民地經驗卻可使兩個不同的社會開啓對話。從《維多利亞俱樂部》到【香港三部曲】，施叔青念茲在茲的文學技藝，無非是在傳達一個信息，兩種不同的殖民地歷史其實是能夠相互隱喻，相互鑑照。殖民地命運猶似女性命運，都是男性當權者在借來的空間進行權力支配。

施叔青的小說令人感到驚豔之處，並非創造一位風華絕代的女性形象，而是她塑造了一位妓女的故事，從最受忽視的社會底層看到歷史的眞實。這種書寫策略是非常反歷史的。東方的歷史教育，往往偏重帝王與英雄的大人格敘述，也過於強調戰爭與和平的大事件鋪陳。這種彰顯關鍵性、主流性的歷史記憶，無可避免遮蔽了歷史的多重與多元，從而也粗暴地簡化了歷史的駁雜與繁複。以大記憶來取代小記憶，以主流論述來抹除弱勢聲音，是一種細緻卻又極其暴力的思維方式。

當我翻開《她名叫蝴蝶》的第一章時，歷史序幕竟然是由一場鼠疫開啓。

大膽非凡的的筆法，刷新了我習以爲常的閱讀脾性。我太熟悉男性小說家對主流歷史的偏好，也太習慣坊間歷史小說讓英雄人物優先登台的場景。香港最精彩動人的故事，竟是始於一場流行蔓延的疾病。這足以反映施叔青對小說開端的處理相當敏感。遍讀香港的歷史文獻與原始史料，她居然沒有被傳統史觀所拘禁，反而能夠從故紙堆中挖掘一條分明的敘事理路，從而讓生動的女性聲音沿著這條軸線釋放出來。

她對歷史記憶掌握分寸最爲恰到好處的祕訣，就在於她完全不去挑戰或改造既有的史實記載。所有官方檔案記錄的事件時間與地點，她不輕易更動。她創造一位虛構的妓女黃得雲作爲故事的主軸，讓這位名不見經傳的女性，在既有的官方歷史記錄的縫隙之間迴轉穿梭。小說的細節集中描述這位妓女的服飾、彩妝、舉止、體態，容許她生動地溶入歷史氛圍。這位小人物的生命，縱橫馳騁在官方檔案的文字記錄，與史實天衣無縫地混淆，終於使虛構與眞實熔鑄凝結。這種技藝，使許多酷嗜台灣歷史的男性小說家相形失色，同時也打開了九〇年代女性作家介入歷史記憶書寫的風氣。我在自己撰寫的台灣文學史裡，不能不對她的開闢之功再三致意。

施叔青寫的是一則寓言，卻又是一個不折不扣的政治預言。她心焦地趕在一九九七年之前完成歷史小說，爲的是藉殖民地的女性命運來暗諷北京政權對「領土完整」的重視，以及對百姓「人格完整」的蔑視。三部曲的最後一冊，暗示女性必須具備獨立自主的人格，否則在歷史上被出賣的女性，還會繼續在新時代再度遭到出賣。

一九九七年六月卅日午夜，香港命運從英國手中轉移到中國的那一刻，香港居民其實是被武裝部隊摒擋在交接典禮之外。所謂主權交接，其實是權力與權力的交易，無助無辜的百姓，身分絲毫沒有改變。那種情況，猶如黃得雲的命運，從英國男人史密斯轉嫁到中國男人屈亞炳的掌控，依然還是淪爲權力的玩物。施叔青寫了一篇〈惡命成眞〉的短文，評論交接典禮似乎只是在防止六四事件在香港「借屍還魂」。我閱讀這篇文字時，更加發現她的政治洞察力，毫不遜於她對歷史的剖析。

我對殖民地台灣歷史命運的認識極其遲晚，但是卻很熟悉台灣歌謠往往以女性聲音說喻台灣的現實遭遇。對戲曲特別有深刻研究的施叔青，當然不會對這種傳統文化的性格感到陌生。因此，她在寫香港歷史小說時，絕對不只是在寫香港而已。我相信，她的龐大文字敘述，想必也容納豐富的隱喻信息，傳達給有過殖民地經驗的台灣讀者。我更相信，她的小說散發出來的歷史教育，絕對不會輸給任何男性史家。

我會這樣相信，是因爲她在寫完【香港三部曲】之後，又已開始營造另一部【台灣三部曲】。我在紐約與她相逢時所見證的苦惱情緒，恰恰可以說明她對台灣歷史命運的焦慮已遠遠超過小說中的香港

攝影／黃筱威

情懷。我可以很安全地說，施叔青的小說技巧，已屬文學史的典範。我也可以大膽預告，她繼之而來的【台灣三部曲】，絕對能夠視爲二十一世紀台灣政治的一個注腳，而且是不容忽視的注腳。

3.

那時，她在紐約扯住我的衣袖，急切地說鹿港將是【台灣三部曲】故事的起點。聽她那樣說時，我才覺悟到她人生道路確實是繞了很大的圈子。從鹿港出發的少女施叔青，經過千迴百轉的遷徙後，又回到了故鄉原鄉。然而，這時她已是國際知名小說家的施叔青。

她一直問我，清代的鹿港是什麼樣子？有沒有什麼史料可以參考？有限的歷史知識只容許我告訴她，記得有一冊陳盛韶所寫的《問俗錄》。對清代的移民史，其實她比我還熟悉。她在提問之前，就讓我知道有多少史料她已涉獵過。不過，她那種爲了虛構而求眞的態度，眞正感動了我。當一位小說家對歷史是這樣誠摯時，而且她碰巧又是這麼認眞的朋友，我豈能袖手旁觀。後來她又問我一個奇怪的問題：「你認爲清朝的台灣人到底是怎樣說話？」我能夠回答的，就只是建議她去參考民間故事，如清朝的《嘉慶君遊台灣》，與日據時期的《義賊廖添丁》，或許有所助益。在她的詰問下，我更清楚自己歷史知識的貧乏。

我後來才知道，她已問過許多朋友，也託人搜集台灣史料。她的書寫工程，在規模上絕對不會輸給任何歷史系或中文系研究生在撰寫博士論文時耗費的苦心。二〇〇三年夏天，她就已寫完初稿回到台灣，當時攜回的還是一個千頭萬緒的故事。我閱讀時，頗覺困難。到了那年冬天，很神奇地，她竟然已修改完成。她說，爲了寫這個小說，已經焦慮得無法入眠，精神頗爲痛苦。她決定跟隨聖嚴法師靜坐，自我閉關一個星期。她說得神祕，有一個早晨靜坐之際，突然有一個細微聲音在耳邊響起，彷彿是說就循著「陳三五娘」這條線。這個聲音突然使她豁然開朗，整部小說的進度急轉直下。這就是【台灣三部曲】的第一冊《行過洛津》。

閱讀甫印出來的稿本，我察覺這部小說已動用施叔青有關戲劇方面的知識，這是她最熟悉的領域。就我所知，在此之前她已經寫過兩冊戲劇評論集《西方人看中國戲劇》與《台上台下》；同時也利用她做過的歷史研究，包括〈鹿港手工藝研究〉與〈鹿港古風貌之研究〉。她不著痕跡地把涉獵過知識，化成故事的生活細節。許多台灣已被遺忘的民俗風俗與節慶祭拜，又栩栩如生流動於庶民巷井之間。我無法不對她另眼相看，小說中有關梨園戲的細節描寫，民間織染的製作過程，女性纏足的苦痛折磨，簡直使讀者彷若置身歷史現場。伶人的悲與歡，是那樣刻骨地傳染到閱讀的節奏。施叔青想必有壓抑不住的語言必須釋放出來，否則不可能如此靈活把移民社會底層的故事，藉梨園戲的演出，使歷史記憶甦醒過來。

擅長以小搏大手法的施叔青，再次把焦點放在主流歷史輕易遺忘的優伶生活。官方歷史尊崇的是忠孝節義，民間歷史的眞實則是七情六慾。陳三五娘追求愛情的戲碼，在官方文化卻被視爲淫奔故事。官民之間的權力拉扯，構成《行過洛津》的故事精髓。香港歷史惡夢成眞的餘悸，遙遙投射在這部台灣民間故事的營造。我幾乎可以推想，她寫這部小說確實是有微言大義。如果小人物都樂於賣命捍衛自己的愛情與藝術，則清代台灣社會的民間想必也潛藏強大的能量，企圖建構屬於海島性格的本土文化。這種文化欲望，顯然也對日後的台灣歷史，放射了無窮無盡的歷史暗示。

二〇〇三年秋天，施叔青邀我到東華大學演講，那時她受邀在文學創作研究所講學一年。四處遷徙流寓的她，從來不會輕易放過任何一個停駐的驛站。在授課之餘，她著手收集花蓮的歷史資料。她的觀察總是那樣敏銳，觸覺總是那樣纖細；在東華一年，就已對花蓮的風土人情與歷史掌故耳熟能詳。我在演講後一起晚餐時，她已透露無數華麗的歷史想像。日據時期日人移民村的紀錄，原住民與漢人相處的生活事跡，在短短時間之內就已在她的掌握之中。構思中的【台灣三部曲】第二冊，似乎儼然成形。

她北來台北時，要求我是否可以找到恰當管道，能夠讓她參訪總統府與台北賓館。我再度相信，這些歷史建築想必又是她小說中的場景。當我找到人要帶她去參觀時，施叔青說，已經利用週末央請副總統呂秀蓮爲她帶路了。她們在七〇年初期都是女性主義運動的同夥，施叔青利用這層關係，已迫不及待履踐自己的願望。

從一九六〇年代投入現代主義運動的她，從未停頓過書寫的筆。當她持續創造時，便意味著她是那樣精力旺盛地從事思考、閱讀、研究、整理。我常常說，六〇年代的台灣文學一時多少豪傑；因爲只有那個時代才會出現陣容整齊的小說家、詩人、散文家、劇作家、攝影家、理論家、藝術家。如果讓這群唯美的追求者並排站在一起，當可發現行列的尾端站著施叔青，她是那個運動中最年輕的作者。她是六〇年代現代主義的老么，私底下我都稱她爲現代主義的表妹。她既不是嫡系，也不是庶出，而是插隊進去的。

她的新稿《風前塵埃》，【台灣三部曲】的第二冊，已然莊嚴地置放在我桌上。這種無可抵擋的創造力，已超越了所有的表兄表弟。但是，最感苦惱的，應該是我這樣的文學史研究者。書寫稍有延宕，她的新作就宣告誕生，我的文學史就不能不修正再修正。面對歷史，我只尊敬強者，尤其是審美品味特別精緻的強者。擁有這樣的朋友，我頗覺得意。她是典範，也是對手，我只有逼迫自己不停書寫，這是唯一的方式向她致敬。

《印刻文學生活誌》二〇〇七年五月號

攝影／許鴻潮

窗外滿地江湖

1.

相忘於江湖的滋味，全然不比想像，眞正嚐過之後才發現比苦澀還要苦澀。相忘，絕非意味不復記憶，也非等同從未發生。只是有時覺得背脊涼涼的，無法相信生命裡燒起的火焰，突然澆冷熄滅。曾經有過相互取暖的經驗已不再暖和，相濡以沫的情誼也不再滋潤。午夜回望時，許多難以釋懷的情緒一時簇擁而來，但覺窗外江湖佈滿疑雲。記憶竟不像記憶，遺忘更不像遺忘。在黑暗中，我容許時間徐徐倒退，一直退到一九八〇年代那風雲詭譎的時期。江湖恩怨，半生情仇，大約都是以那個年代做爲起點。年少夢幻，浪漫情懷，似乎也是在那段時期次第消逝。

如果同樣的政治浪潮再度捲起，而我依然年輕，還會選擇縱身投入嗎？最初與許信良的結識訂交，正是發生在那歷史撕裂的關口。一個是受到放逐的政治運動者，一個是耽溺於追逐理想的留學生。在放逐與追逐之間，他與我的過從自始並不存在共同的語言。兩人的對話能夠展開，精神的結盟終於鑄成，完全是由於大環境的扭轉翻騰。

大雪之後是一九八〇年的初春，流亡的許信良在寒氣中帶著美麗島事件的傷痕，悽愴來到我旅居的城市西雅圖。他的性格向來霸氣猖狂，但是，我第一次見到時，他的神情卻是疲憊且黯淡。遠在太平洋彼岸的島鄉，正陷入前所未有的沉寂深淵。民主運動者先後遭到逮捕監禁，那可能是戰後台灣政治朝向開放的一次重挫。隔岸看到那麼多熟悉的朋友入獄，我心存的一絲希望徹底被捻熄。那年二月林家血案的消息傳來時，我更是落入萬丈谷底；整個身軀不禁發抖顫慄，那不是恐懼，而是憤怒。然而，我找不到自我救贖的道路。彷彿看到重重鐵門轟然關閉，黑暗與冰涼鎖住我的靈魂。初遇許信良時的心情，就是那樣。

許信良（攝影／邱萬興）

我坐在許多人中間，圍著他聚談到深夜。端詳這位傳說中的政治人物，總覺得他是被貶謫的一顆星，流落大地，失去歸路。我想他是一匹困獸，再也無法改變已然傾塌的形勢。北國的寒星必定照見窗內他憂戚的眉宇，當也聽見他在悲憤中釋出的深沉語言。但是在那最暗最冷的冬天，他並不承認自己已經輸掉。他的衣袖猶沾著旅途風塵，卻未流露絲毫敗北感，反而在談話中隱隱暗示又將重新點火出發。在情緒上陷於困頓的我，總以爲歷史已然失去動力。聽到他批判的聲音，可以感受到一股意志又再度升起。那是看不見的力量，就像整座森林焚燬之後，粗壯的根鬚依然在地底盤根錯節，等待恰當時機破土抽芽。

時代的鐵門並未如我想像那樣完全封閉，餘留的一絲門縫正在試探我的勇氣。在最消沈的時刻有徹底的覺悟，也許我可以嘗試以肩抵住傲慢的閘門。歷史契機在那時刻驟然消失，但是政治生機卻是可以藉行動來點燃。我拒絕扮演患有行動未遂症的知識分子，如果讓怯懦佔領那個時代，這輩子我不會原諒自己。當我決定離開校園，加入許信良創辦的政治刊物之前，內心激盪起波濤的情緒。我無法欺騙自己，把命運當做賭注投進去，確實感到徬徨猶豫。好像落入一片陌生的水域，巨大的恐懼吞噬了我。那是生命中從未遭逢的抉擇，既要割捨半生的學術追求，又要面對不可知的未來。在很多時刻，肩起閘門的那種志氣不斷浮浮沉沉。

一九八〇年四月，春寒猶存，我與妻兒慌亂地收拾行李遷居到南加州的洛杉磯。對於家人，我有很大虧疚。然而，想到獄中的民主運動者，以及林家血案的記憶，我不能不付諸行動。洛杉磯那陽光城市，於我是深邃的冷漠。所有的大樓長街，並不在乎有一位自認是革命者闖進了城市。其實，整個時代，整個台灣，也不在乎多了一位抗議者加入政治行

一九八九年許信良闖關成功返台後遭收押，民衆於街頭聲援。（攝影／邱萬興）

列。我決心埋名隱姓，爲自己取了許多不易記住的筆名。從前曾經聽過「沉潛」、「蟄伏」的字眼，只有在付諸行動之後，才了解眞正的意義是什麼。當然所謂的革命情感、精神結盟，也是在實踐之後才有了體悟。

我與許信良的革命感情，在這個時期正式建立起來。海外政治運動的各路派系，也都參與《美麗島週報》的籌備。各種意識型態的流動，不同政治主張的對話，都是我在此之前未曾見識的。自由主義右派與社會主義左派，統派立場與獨派立場，暫時捐棄成見，爲了台灣民主的重挫而匯聚在一起。這是我第一次理解許信良的策略嘗試，也是第一次目睹時代浪潮推湧的眞相。關在書齋那麼長久，從來不知道政治場域的思考綢繆原來是如此層疊繁複。初識時彼此的投石問路，頗有「相見先問有仇無」的意味。縱然未曾有過任何恩仇，相聚不久就因為意識型態的歧異而互生嫌隙，繼而發生內部鬥爭，最後無須道別便決絕地揚長而去。刊物創辦不到半年，成員即呈四分五裂狀態，僅剩下許信良孤獨守住這份批判性特別強烈的週報，我與其他兩位朋友選擇留下來。

2.

我最艱苦的生涯就在這段時期迤邐延伸，時間節奏突然緩慢下來，心情也變得陰翳沈重。但是，每當提筆撰稿，精神不覺亢奮起來。創刊詞寫就時，一股悲憤之氣充塞我的手掌。有生以來，我發現自己似乎能夠與台灣歷史握手。在撰寫之際，我與許信良坐在編輯室反覆討論。不到六百字的文章，兩人竟能切磋許久。他非常重視這篇文字，而我也覺得那是試探水性的第一步。

雜誌辦公室是一幢老舊的木屋，座落在墨西哥社區裡。那是整個城市最為荒涼的地方，縱然不是貧民窟，至少，不會有人刻意造訪。選擇在那裡編輯，為的是避人耳目。凡是有亞洲人面孔出現在屋外街道，立刻可以辨識。政治氣氛極為緊張，租用的信箱常常可以收到恐嚇信件。我每天到達辦公室時，都警覺地檢查門窗。我的行徑，頗像從事地下革命。從來沒有預見，我與許信良竟然在那裡共度三年的時光。

許信良嗜讀革命理論，他偏愛列寧勝過馬克思。從前我只選讀馬克思的幾篇文字，總是無法進入社會主義的思想。熟悉西洋史的許信良，可以輕而易舉把馬克思理論與歷史事實結合起來，爲我講述左翼理念的曲折與奧祕。不過，他認爲馬克思的理論太多，全然沒有眞正的行動。如果我對馬克思發生興趣，許信良是爲我點火的第一人。他後來又引導我去閱讀列寧，認爲這位俄國革命領袖的文字，比起馬克思還要來得生動。因爲，列寧勇於實踐，確實是把理論轉化爲行動力量的革命者。

我學習到在校園裡所未能理解的知識。俄國史曾是我博士課程的副修，爲了十月革命史實的前因後果，曾經耗費時光囚禁在圖書館閱讀史料。最後總是不甚了了，使我對俄國史帶有相當程度的敵意。沒有想到與許信良對談之後，他扼要交代了幾個史實，我竟然立刻弄清楚列寧的政治策略。他對列寧的歷史評價，遠遠高過毛澤東。我後來才發現，毛澤東的許多革命理論都是襲自列寧。

許信良說，眞正的革命者根本不需要理論，只有菁英的知識分子才會迷戀理論。如果不能實踐，革命理論全然沒有意義。最初聽到他的發言，我內心頗爲抗拒。我沒有想到他把知識分子看得如此不堪。相處一段時間之後，我慢慢體會他的意思。他不喜歡空談，尤其是僵化的、無法履行的空談。他常常舉中國革命的例子來說明。在建國成功之前，中共黨內常常有路線鬥爭。教條的馬克思主義

者，往往迷信所謂的工人革命，不敢在路線上有任何的修正。毛澤東是眞了解中國社會與中國歷史的行動家，頗知革命成功的道路不必然要遵循馬克思的革命理論。許信良爲我點出，毛澤東清楚看到中國革命的主力是在農民，而不是在工人。那些主張城市暴動者，過於高估工人的階級力量。毛澤東主張下鄉革命，因爲他很清楚農民的人口遠遠多於工人，階級意識也比城市工人還要高漲。毛澤東的策略證明是成功的。許信良笑著對我說，革命都已經成功，還需要辯論路線嗎？

這樣的對話，使我對理論不致那樣迷信。所有的理論，都是特定的歷史脈絡或社會基礎的產物。我終於覺悟，在人文領域絕對沒有放諸四海而皆準的理論或眞理。能夠這樣認識時，我對於過去一些專斷的、粗暴的信條與解釋有了全新的態度。這是一個斷裂點，我的知識開始銜接社會主義、女性主義、後殖民理論，都是從這個斷裂的缺口延伸出來。不能了解歷史脈絡，就不可能掌握理論的眞實意義。許信良可能沒有爲我做過任何點撥，但是他帶動我新穎的思考方式。讀書若是不能開啓活潑生動的思考，閱讀終究是徒勞無功。

如果要承認他對我有所點撥，我想往後二十餘年的政論撰寫，都應該是始於許信良的啓發。遠在那麼遙遠的異域，絕對不可能掌握來自台灣的信息。但是他維繫著不爲人知的管道，常常可以取得眞實的資訊。美麗島事件之後，民主運動的元氣大傷，在短期間內絕對不可能有任何作爲。但是，許信良常常說，天下沒有不變的形勢，只要一息尚存，形勢一定會改變。每當這樣說時，我會不客氣說他只是在自我鼓勵而已。但是在一九八一年，許多黨外雜誌又開始復甦。與我同樣年齡的所謂新生代，又重返歷史現場，希冀在廢墟中重新站立起來。縱然他們發言是那樣拘謹，姿勢是那樣低調，卻似乎已在預告一個新的階段又將開啓。

這些跡象越來越鮮明時，許信良樂觀表示：「只要能動起來就是好的。」他好談形勢，卻又不淪爲空談。最初撰寫政論時，我情不自禁會預設結論，總是把所有譴責加諸國民黨即可。許信良說，沒有推論，就有結論，這是最典型的台灣教育。觀察政治，應該注意細微的演變，不要過於以主觀意志代替客觀現實。這點對我有很大影響，瞭望台灣之際，對政治發展必須避免粗枝大葉。後來我的文學閱讀，對於結論總是傾向開放，在某種程度上與我撰寫政論的態度頗有呼應之處。

我爲週報寫了超過一百萬字的文章，這絕對不是誇張的數字。對於社論，許信良特別看重，必須與他討論之後，我才會下筆。從他那裡，我學習分析台灣的政治生態，幾乎對國民黨領導階層的談話與政策，都能整理出系統的見解。然而，我並不只是專注於政論。每週，我還寫出不同的文類，包括散文、歷史、傳記、詩，分別使用不同的筆名。在人手匱乏的情況

一九九一年十月十三日，民進黨第五屆全國黨代表大會，選出許信良當選黨主席。（攝影／邱萬興）

下，我使用那麼多名字，只是爲了創造一個龐大作者群的假象。前後我大約用過三十餘個筆名，那是生命中最不可思議、最近於瘋狂的階段。更離奇的，莫過於能夠同時進行三篇文字的撰寫。在截稿之前，我可以在三種文體之間輪替撰寫。所有文稿完成後，又繼之以編輯工作，直到深夜，星河已完全不見蹤跡。

那段辛苦的歲月，使我覺得自己已跌到人生的最低點。我保持旺盛的批判火力，卻看不到這場賭注的勝算。只能在內心告訴自己，必須與民主運動者一起坐牢，體會歷史的孤寂滋味。當我看到許信良也過著落魄的生活時，不免爲他感到心酸。在眾人面前，他狂傲不羈。在演講時，往往能夠煽起火般的激情，群眾的情緒停留在高漲的狀態。但是，在不爲人知的地方，他駕著一輛破舊的二手車，把油墨猶新的報紙送到華人超級市場。他從來沒有說出心裡的感受，但我知道他正在苦撐待變。

我不認爲他是馬克思主義者，但他具有左翼運動者的實踐勇氣，也帶有革命者的豪情。在一九八〇年代末期，他連續以非法闖關的方式返台，尤其是最後成功的那一次，完全是爲了刺激民進黨的選舉形勢。他遭到逮捕、監禁、審判，都是事前已經估算過的。他

一九九五年，許信良參選總統時的黨內初選競選文宣。

必須經過火獄之門的洗禮，否則不能取得民主運動陣營的合法性。他的美麗島戰友都有過穿越黑牢的儀式，許信良豈能例外？天下沒有不變的形勢，這是他說過的。有一次我曾問過，如果形勢還是不變，怎麼辦？他毫不遲疑地回答：形勢不變，就去創造它。

3.

回到台灣社會的許信良，在出獄後又立即與民進黨匯流。一九九二年，他順利當選黨主席，彷彿他採取的行動都恰到好處。我以為不可能會與他再有共事的機會。那年夏天，他給我一個越洋電話，邀請我回來擔任文宣部主任。我又再一次陷入掙扎的抉擇。當時我還在黑名單行列，在返國無門的時刻，覺得自己的政治問題應該以政治方法解決。我決定接受他的邀請，當然不只是為了解決回家的方式，其實也是為了接受一個挑戰。我想要檢驗自己，在海外撰寫百萬字的政論，到底是屬於空想，還是可以付諸實踐？我更深切地向自己提問：如果這是一個可以直接與國民黨對決的機會，能夠輕易放棄嗎？

對決，不應該是文字的靜態演出，也不應該是口號的空洞吶喊。我終於回到歷史現場，不容許自己有任何退縮的姿態。許信良給我這個位置，應該是要讓我印證「革命不是請客吃飯」的真正意涵。我從來沒有想到，擔任政黨發言人的三年期間，竟然迎接了三場巨型的選舉。我的文字與思考，我的行動與實踐，都加快了節奏。許信良完全支持我提出的選戰策略。投入政治運動的我，不計形象，不計身段，甚至我自己也察覺，那已是逸出生命正常軌跡的我。

許信良希望我留在民進黨，準備參與公職選舉。我很清楚自己的性格，我是那種全然不能習慣團體生活的動物，更不習慣面對毫無止境的輸贏與算計。我答應參加政治運動，絕對不是要累積選票，而是為了對錯誤的政治體制展開批判。一九九五年我決定離開政黨時，許信良正積極籌畫他總統選戰，政治漩渦席捲了他。

兩人之間從來沒有決裂。雖然有不計次數的激烈辯論，甚至近乎爭吵，卻沒有斷絕情誼。我這邊終於逐漸冷卻下來，是因為已預見兩人走的道路是不同方向。許信良的信念是，沒有權力，就不能解決政治問題。在這點上，我可以同意。然而，在政治的場域，我越來越發現他追逐權力的慾望，遠超過他對解決政治問題的關切。

對我來說，尋找政治問題的答案，除了權力，並非別無他途可循。當他參與世紀之交

二○○○年許信良發表「同志們，我們在此分手」脫黨聲明，投入總統大選。

的大選，許多談話已經偏離他在海外時期的理想與理念。他的語言與行動不再是表裡一致。尤其是他提出的主張，竟然是與北京立場有頗多暗合之處時，我對他的情誼再也熱不起來。想起當年他酷嗜談論左翼思想時，竟覺得有強烈反諷。他的革命主張談得非常精彩，卻沒有找到任何可以實踐於台灣的空間。跨過二〇〇〇年時，這些記憶都變成歷史。在媒體上看到他仍然活躍，仍然沉溺在熱鬧的場面。我遠遠靜觀，變得很冷很冷，是一種罕有的冷漠。

海外共同戰鬥的三年，以及在民進黨策畫選戰的三年，在我的生命都刻畫了無可擦拭的痕跡。前後二十年的過從，曾經燒起我的憧憬，也焚燬我的夢幻。實踐勝於理論，行動超過空想，那是最初涉入政治運動時我從許信良的言談中學到的。這項學習，對我的治學態度產生深遠的影響。我能夠對左翼思考開竅，正是來自他的啓發。由於認識了左派經典，使我能夠恰當地聯繫後殖民理論，這也是得力於他的引渡。親眼看到他的思想轉向，他的立場改變，我的背脊感到涼涼的。權力競逐拉開了他與我之間的距離，漸走漸遠，雁行折翼，一股難嚥的苦澀鯁在喉底。他消失在權力陰影時，記憶不再是記憶，情誼不再是情誼。窗外寂寂，只能相忘於江湖。

昨夜雪深幾許

1.

幾冊偏愛的詩集中，楊牧的《有人》常常使我忍不住拾起重讀。完成於上世紀八〇年代的這冊詩集，主題非常沉重，卻輔以婉巧豐饒的意象，渲染著一種迴盪纏綿的氛圍。弛緊相間的節奏，讓我在誦讀時感受詩行強烈帶著情緒的碰撞，而舒緩起伏的句法則又稀釋了隱隱的騷動。在那段複雜的歲月，收到楊牧寄來詩集，彷彿是一支適時降臨的音樂，撫慰了我憤懣難平的緊張心情。我不敢說那是一種昇華，至少是藉由詩的誦讀，可以在枯澀荒涼的心靈找到一個角落，靜坐下來，自我淘洗。

那時我已移居加州，楊牧仍留在北地的西雅圖。相隔那麼遙遠，容許我與他對話的方式，唯詩而已。即使在漫漫二十餘年後，我的記憶還鮮明留下無數楊牧的詩句。到現在，我已無法說清楚自己是如何掙扎度過那雲霧撩亂的時代。聖荷西的星光，想必照亮過桌上

楊牧（攝影／陳建仲）

昨夜雪深幾許

置放的詩集，一冊來自雪地的溫暖詩集。正是那微熱的詩句，陪伴我許多孤夜的不眠。我慢慢回歸到文學，重新建立對詩的信念。過程極其緩慢，而我相信，其間必有楊牧給我的暗示。

長久以來不斷向著八〇年代投以回眸，並非在尋找什麼美好的印記，而是在我生命深處造成傷口的政治事件，就發生在那個時期。事件是那樣巨大，以致到今天我還無法抵禦那遙遙傳來的餘波悸動。終於選擇離開學院生涯，悍然投入於我是完全陌生的政治運動，無非是爲了撐起自己的意志，以迎接那事件挾帶而來的震撼。遠離西雅圖時，我不告而別。楊牧全然不知道我那時心情的混亂，自然也無法察覺我南下加州的意圖。

南下之行的抉擇，對我的知識追求影響有多大，如今已無法估算。我在陽光千里的城市，割捨了宋代中國的研究，也切斷許多全新思潮的銜接。當我全心投注在台灣意識的營造時，一些新的文學理論，如後現代主義、後結構主義、後殖民論述，正傳播到世紀末的台灣。這些外來的思維，開啓台灣學界前所未有的視野，但對我卻變成遲到的學問。我錯過的還不止於此，八〇年代崛起的無數新世代作家，也絕決地劃入我的未知。那是我生命中罕見的知識斷層時期。

縱然從未後悔度過那段坐困愁城的時光，遠行加州的旅程已預告我日後重返學界的艱辛，同時也宣告我鍛鍊詩藝的荒廢。如果還有一絲細微詩情得以持續煨燒，應該是自己從未放棄讀詩的喜悅。楊牧的詩，在孤絕的時刻爲我生火取暖。

多年後，我再度捧讀他寫的〈悲歌爲林義雄作〉，南加州谷地的夜涼，又不覺襲身而來。那首歌不只是寫給林義雄，也是寫給整個時代。從林家事件的震駭中覺醒過來的，恐怕不只是我，楊牧也同許多知識分子一樣感到顫慄。讀完他的詩，我打了電話到西雅圖，向他坦白招供自己以埋名隱姓的方式涉入政治運動。我已全然忘記他的回答，不過後來凡有詩集與散文的出版，他就立即航寄給我。顯然，他尊重我的決定。青春時期讀詩的脾性能夠保存下來，唯一伸出援手的，我應該承認是楊牧。

2.

西雅圖是我文學生涯與學術追求中，一個無可忘懷的驛站。這個針葉林環繞的城市，徹底改造我年少以來的思維方式。如果不是接受楊牧的邀請，我的留學終站可能是東京，而不是西雅圖。在研究所時期我汲汲於日語的學習，也通過留日考試。楊牧在一九七三年夏天回到台灣，與我有過數度長談，一方面是爲了出版我的第一本詩論集《鏡子和影子》，一方面則是遊說我選擇華盛頓大學。人生道路的迴轉，往往發生於瞬間。未選上的旅途，究竟是怎樣的風景，現在已都無法推想。

詩，爲我做了選擇。十八歲開始閱讀余光中，二十歲獲得葉珊時期的楊牧詩集，彷彿那時就已爲我指引方向的路標。一個歷史系的學生，耽溺於詩的閱讀，無疑使自己的想像加寬了兩倍。文學需要想像，歷史也需要想像。不過各自想像的終極目標卻全然兩樣。文

昨夜雪深幾許

一九七七年四月，陳芳明（左，時年三十）、兒子宜謙，與楊牧（時年三十七）合影於陳宅。（攝影／高瑞穗）

學想像是爲了創造眞實，而歷史想像則是企圖還原眞實。詩與歷史的雙軌思考，支配了我整個大學時期。我逐漸向文學傾斜，是一個緩慢的細緻的過程。詩，不再是隱喻，而是神諭那般。

最初不知誰把第一冊詩集放到我青春年代的雙手時，並未造成任何悸動。詩中的意象與想像過於輕盈，在我捧讀時完全沒有重量。一九七四年秋天抵達西雅圖三個月後，立即迎接生命中的一場大雪。夢境中，飄雪以著友善的速度寂靜降落。這時才發現，寒雪並沒有像預期那樣悽厲粗暴。第二天早起，看到皚皚白雪佔領整座城市時，終於知道北國的寒天比所有溫柔的夢還要眞實。夢境必須是眞正抵達，然後才會相信。

霜天雪地的西雅圖，使我慢慢相信，詩的想像其實是具有重量，有時甚至雷霆萬鈞。在異鄉的孤寂時光，我學習改變態度看待詩的閱讀。每首詩的完成，是因爲詩人確實旅行到最遠邊境的想像，在那裡鏤刻眞實的感覺。許多人很難企及那樣遙遠的境界，無法理解詩人稀罕的旅行經驗，遂輕易宣判詩是神話，是虛幻，是狂想。

在研究所時期，我曾嘗試藉由詩評撰寫去探索楊牧的想像。那時我正編輯《龍族詩刊》，收到他寄自西雅圖的〈瓶中稿〉。讀著他行雲般的蜿蜒字跡，我第一次發現的鄉愁竟無比沉鬱。當時我還未出國，不能體會思鄉的力量是何等強悍。我僅能揣想他詩中的感懷：

如今也唯有一片星光
照我疲倦的傷感

我的猜測是，可能他離鄉過久，無法承受在異域的飄流。爲何疲倦，爲何傷感，只容許我在字面上推敲全詩的意義。他的望鄉無疑是非常沉重，但何至於他只是涉入海水，竟然會發生難以想像的巨大震動：

不知道六月的花蓮啊花蓮
是否又謠傳海嘯？

他可能是第一位詩人把鄉愁形容得如此驚天動地。我到達西雅圖的第二年，才覺悟到他的心境。詩中的暗示，透露他急切的鄉思其實是經過十年的累積與釀造。那種近乎凌虐的痛苦，最初我全然不懂。輪到我強烈想家時，才忽然明白。望鄉中內心湧起的荒涼疏離，終至寂寞欲狂，非身歷其境者不能深切感受。

與楊牧住在同一城市，可以發現他的詩風正從活潑飛揚逐漸轉向冷靜沉穩。這可能與他當時感情的激烈浮沉有著同步的呼應。從一九七四年初臨城市，到一九八〇年選擇離開時，我見證了他四冊詩集的出版：《瓶中稿》、《北斗行》、《禁忌的遊戲》、《海岸七疊》。稍早他追求快速節奏的脾性，如〈林沖夜奔〉；或者，耽於情慾浪漫的狂想，如〈十二星象練習曲〉，似乎在七〇年代後期漸趨淡化。取而代之的，是一種帶有歲月成熟氣味的憂傷，隱然進駐他的想像。我也察覺，更加貼近他生命脈動的一種歷史意識，正濃烈瀰漫在他的音樂抒情。

每當重讀這個時期意象相剋相生的詩作，楊牧獨來獨往的身影又浮現在我的記憶。最熟悉的一幕，是他在好幾次的黃昏，提著啤酒來到我家客廳，整晚坐在那裡獨飲，無語面對窗外的黑夜。妻和我有時陪他說話，偶爾會有笑語，卻可感覺一股揮之不去的低盪情緒在室內徘徊。後來才知道他已遷至城北海邊，獨居在密林中的一間公寓。那可能是他生命中非常困頓的時期，垂危的婚姻迫使他必須收拾無可收拾的哀傷。

詩是他僅有的救贖。我頗訝異於他在碎裂的生活中，竟能藉詩的創造重新整頓自己的情感。他不斷做孤獨的旅行，每到一個定點，似乎就有一首詩等待磨礪鍛冶。情感生活的悲傷，對於尋常的人可能是災難；楊牧卻從未囚禁在自憐自殘的情緒。他決心開門遠行，果敢面對可疑的世界，豐饒的詩也緊隨他投向曲折的旅途。那是一種自我提煉自我淨化的追求，他的詩風也重新形塑。在悲傷的盡頭，有不少人廢然放棄，楊牧毅然再出發。

那段混亂的時期，也許竟如楊牧〈夜歌〉的自況：「我眞是一名不堪露宿的旅人」。或者，就像他在〈孤獨〉一詩的喟嘆：「孤獨是一匹衰老的獸／潛伏在我亂石磊磊的心裡」。我更聽到他在〈楊柳〉流露出來的淡淡悲哀：「相聚無非是爲了分離」。詩句滲出的黯淡色彩，可能恰如其分描述著他的心境。我深深相信，當他寫出被壓抑的苦悶，並且轉化爲音色純粹的詩行，就足夠證明他還有能力自我鑑照，從而對著刺傷的靈魂歌頌。他的災害被鑄造成爲更高的藝術時，創造的潛能便汨汨不停地釋放出來。

楊牧從此寫出的詩，似乎不再失手。我偏愛他在微近中年時留下的詩行，帶著霜髮的顏色，雍容而豁達。他的字句已可說出許多不可說出的欲望，他的想像也可企及無數不可企及的境界。我在那段期間保持高度的注意，追蹤他的每一新作。在生命的低潮階段，他未嘗須臾停止書寫，未嘗片刻遠離創造。詩的藝術，刷新他的喜悅，也刷新我的感覺。

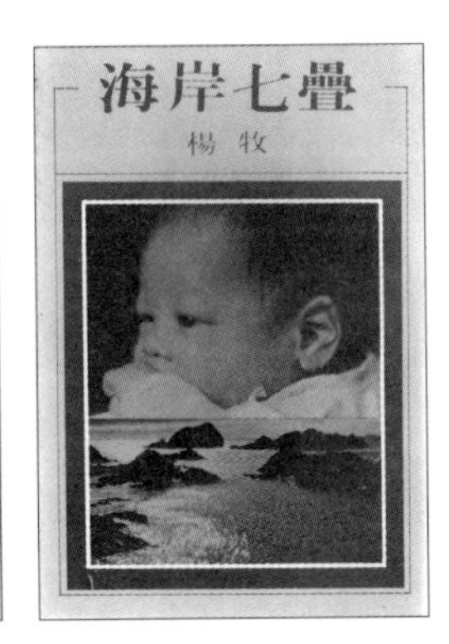

不久之後，楊牧與他「最有美麗的新娘」，在西雅圖一個迎風的坡地築造全新的家。他在一九八〇年持贈給我的一冊詩集，《海岸七疊》，正是他走出陰霾的最好見證。這可能是楊牧的詩藝生涯中，僅有的充滿明亮光線的作品。尤其閱讀他寫於一九七八到八〇年代初期之間的詩，我幾乎是在分享一首明朗愉悅的多重奏。愛情的復甦，嬰兒的誕生，鄉土的回歸，構成他詩中的主題。以〈海岸七疊〉爲首，以〈子午協奏曲〉爲結，大約概括了他生命重新啓航的心情。設若沒有美麗島事件的發生，我當益信他對台灣的頌贊會更高亢而興奮。畢竟他正邁入生命中創造力最爲蓬勃的階段。

3.

我永遠無法忘懷一九七九年事件帶來的衝擊。那年北地的霜雪特別嚴重，我習於坐在圖書館，從玻璃窗靜觀飄雪落在冰肌玉骨的楓樹與白楊。冰涼的冬天若是平靜地延長下去，我想撰寫中的學位論文應該可以預期完成。世界並未如想像中的平靜，至少騷動的台灣，足以擾亂我的心思。遠在太平洋彼岸的民主運動，以著跳躍的速度推著歷史前進。楊牧深知我正介入國際

二〇〇三年楊牧（左）頒贈五四獎之文學評論獎予廖炳惠。（《文訊》雜誌提供）

人權工作，也知道我與黨外人士有著密切連繫。偶爾他會邀我到研究室談話，探詢島上的政局動態。

美麗島事件發生時，我收到大量來自台灣的資訊。我停止了論文撰寫，全心與國際人權組織互通聲息。當我獲悉一項前所未有的逮捕行動展開時，我才發現自己的努力都歸於徒然。整個心情陡然下降，比窗外降雪的速度還要急遽。身軀從來沒有那樣寒涼，當我聽到林家血案的新聞。有一種錯覺襲進我的思考，突然分辨不清滿畝的雪竟或是遍地的血。

記得在春分過後，積雪已融，寒霜又起。我與楊牧坐在他坡上的木屋，劉大任彷彿也在座。在大地肅殺之氣尤爲濃烈的時刻，楊牧的情緒有點不能自持。那晚他說了許多比平常還要多的政治，面對茶几上堆著的航空寄來的台灣報紙。我反而保持罕有的沉默，爲的是不願輕易洩露內心的悲憤與焦慮。但是，我可以感受楊牧絕對理解我私密的內心正燒起熊熊火焰。我清楚記得在事件稍早之前，楊牧寫了一首散文詩〈紀念愛因斯坦〉，最後一節隱隱透露他自傲自信的語氣：

……我在木蘭花影和茱萸的光輝下沉吟，我相信眞理可以追求，民主和科學也可以。相對論與我無關，可是我能爲以色列的奮鬥感動。猶太聖人，偉大的物理學家，你能爲我的台灣感動嗎？

那年代，那事件，那挫折的民主運動，成爲我與他的共同記憶。愛因斯坦在天上如果讀了楊牧的詩，我寧可相信，他的感動絕對不會稍遜於我。

回到台灣這麼久之後，我的西雅圖記憶更形鮮明。我在海外時期，使用象徵與隱喻來表達自己的鄉思，於今已都失去意義。對於已然返鄉的楊牧，他的台灣感情也變得特別透明。常常在什麼地方會聽到一些非議，認爲楊牧的詩與本土過於隔閡。發出這種議論者，往往把詩視爲一種告示或招貼。藝術的追求，止於至善，全然無需辯論。過剩的情緒，過多的宣傳，並不等同於詩。

我在二〇〇四年冬天，與楊牧一起接受邀請，到東京大學參加學術會議。楊牧在那裡做了一場專題演講，述說他對詩藝的營造，以及他的審美原則是如何建立。巨大廳堂回響著他沉重的聲音，一位東大研究生則以日語即席翻譯。楊牧照著稿子緩緩誦讀，我才發現他的散文也是適宜朗誦。日本學者對於他絕美的文字私下禁不住讚嘆，他們未曾想到講稿中的文字意象竟然直逼詩境。我非常難忘的是，在朗讀全文結束時，楊牧忽然脫稿繼續演講。我已忘記原來的字句，彷彿是說：理想的國度有一天將在台灣實現。幸好翻譯者也機智地一一譯出，那是一場完美的演出。楊牧專注走下台階時，我深受感動，久久不語。我終於看到他最眞實的一面。

在恰當時刻，他會毫不掩飾自己對台灣的情感。他的表達，發乎情，止乎禮；使用的言語恰到好處，既不流於濫情，也不淪爲花腔。二〇〇五年春天，台灣文學研究者受邀訪

昨夜雪深幾許

問歐洲，我又與楊牧同行。在法國波爾多，楊牧、黃春明、李昂、朱天文受邀在一家書店座談。他們介紹台灣文壇的近況，以及文學翻譯的生態。席間，有人問及楊牧是否有意訪問中國，毫不遲疑地，楊牧回答說，只有中國把朝向台灣的飛彈拆掉之後，他才會考慮這個問題。當他這樣答問，台下有不少台灣學者頗覺激動，其中一位還潸然淚下。

我曾經飄蕩在北國的雪地，只是爲了尋訪歷史的知識。千迴百轉之後，在那裡，我卻發現了詩。在歷史與文學之間擺盪，於我是一段漫長的折磨，而我終於向詩傾斜，應該是命運的必然。追求事實或追求眞實，對我再也不是苦惱的問題。選擇站在詩的這邊，只因它容許我狂想，幻想，妄想。更重要的是，詩比任何知識還精確，完全不放過我感官的絲毫起伏波動。在最敏感的階段，楊牧的詩帶給我太多無法言說的暗示。

詩陪伴我遠離學院，也陪伴我投入革命。在我可能滅頂的剎那，詩及時援之以手。蜿蜒的旅程，也許使我的生命難以得到確切的定義。如果必須命名的話，可能需要藉助於詩。唯有詩，才能容納一切得不到容許的。在楊牧的詩裡，可以讓我得到印證。寒冷的雪地，有過我淒苦放逐的腳印，那是我出發朝向文學追求的一個

楊牧攝於一九九五年的「現代詩史研討會」。
(《文訊》雜誌提供)

印記。楊牧正是那神祕時刻的見證者。翹首回望，一股逼人的寒氣儼然襲來，恍然就在昨日。霜雪凍瘡，縱然是永恆的記憶，我完全不覺後悔。向著此刻在北地的楊牧，我不禁要問：昨夜雪深幾許？

《聯合文學》二〇〇七年三月號

戰時寄回的遺書

攝影／關耀輝

1.

把自己關在星期五下午的辦公室，獨對窗外初春的寧靜校園。一排《龍瑛宗全集》置放在黃昏斜陽鑑照的桌上，彷彿是碑石那般，投射長長的歷史陰影。翻閱全集之後撩起的騷動情緒，久久纏繞我的身軀。壓抑過久而釋放出來的喜悅與悲傷，混合在室內空氣中緩緩流動，釀造一股無以排遣的寂寥。

龍瑛宗先生是我拜見過的少數日據時期作家的一位。由於我的台灣文學啓蒙過於遲晚，遂錯過太多珍貴的時刻。如果上天讓我提早十年理解台灣文學的歷史意義，也許我還有機會親炙前行代文學家的身教與言教。這是我最大的遺憾，永遠無法克服生命中已經鑄成的時間上的落後。年輕時期錯過的，不知珍惜的，時間絕對不給我任何機會容許追回。

我在一九九三年秋天拜訪龍瑛宗時，還未回到學界。那時正活躍於政治運動，敏感的

龍瑛宗（劉知甫提供）

身分使我不知應以何種名義去探望。在電話中，劉知甫欣然邀請我到他住宅。知甫頗能了解我對他父親的仰慕，絲毫不嫌棄我是政黨發言人。記得那晚到達時，龍瑛宗先生與他的夫人李耐女士已經坐在客廳等候。知甫微笑爲我開門。

龍瑛宗一向沉默寡言，我初次拜見時，他的身體健康已不甚佳。幾乎已無法回答我的提問，整晚只是頷首回應，有時則只是友善的微笑。對於我的問題，都是由知甫轉達並解釋。那時我已經明白，這是一次遲到的訪問。我在一九八四年以宋冬陽筆名發表一篇長文〈現階段台灣文學本土化的問題〉，引起陳映眞陣營的激烈回響。龍瑛宗顯然已注意到這個事件，遂在《台灣文藝》寫了一封書簡，表達他的意見：「……覺得宋氏與陳映眞的看法不同，也許覺得他們的看法永遠難以拉攏。」雖然已在隱居狀態，他對八〇年代台灣文壇的生態仍然保持密切觀察。

我在那篇文章的結論說：「台灣文學的本土性與自主性，不是理論的問題，而是行動的實踐。作者的最具體行動，便是拿出作品。當眞正美好的作品問世時，所有的爭論都將歸於寧靜。」對於這段文字，龍瑛宗的評語是：「其言甚是，惟文中『本土性與自主性』和『爭論都將歸於平靜』等語，請作保留而深入探討之。」他使用的文字相當乾淨俐落，其中卻寓有微言大義，很精確地點出我的思考。

往後二十年，我對台灣文學「本土性」與「自主性」的問題，一再反覆思索，似乎應驗了龍瑛宗的預言。他對我與陳映眞之間的「難以拉攏」，也作了準確的預告。直到新世紀的到來，我與陳映眞的論戰才告一段落。被外界形容爲害羞、木訥的龍瑛宗，對於文學的判斷其實是非常果敢。我去拜訪他，本來就是帶著求教的心情。如果健康狀況允許的話，我相信在那僅有一次的會面，應該讓我得到許多答案。

錯過的就注定是錯過，即使有幸面對龍瑛宗本人，殘忍的時間還是把他與我無情地隔絕起來，我們各自分屬兩個不同的世界。坐在他的對面，我遙遠地望著他，眺望一個不容我輕易跨入的歷史記憶。感傷地向他辭行時，內心湧起的許多語言又壓抑下去，原封不動地留在我的體內，啃食我、咬嚙我。又過一個月，知甫親自到我的辦公室送我一冊龍瑛宗的短篇小說集《夜流》。我打開封面，扉頁上有著他的簽名式，抬頭寫著：「陳芳明先生雅正」。一種震動，無端襲擊了我。至今，我還是相信，會面當天他有話要告訴我。

匆匆又過十年的星期五下午，龍瑛宗換了另一種形式前來與我對話。知甫在幾天前就來電告知，他將寄贈給我兩套全集，卻未料他提早驅車攜來。那時我正要完成一篇新稿，轉頭竟發現他站在門口帶著笑容。總以爲這又是一個尋常的周末前下午，學生已都離去，大樓淨空，我照例被遺棄在鳥聲、蟲聲、蛙聲的噪音裡。他的出現，以及他帶來的熱情，使我感受到一切的噪音驟然沉寂下來。

知甫與我相對而坐，從他的語氣可以推知新書出版的喜悅。戰爭結束如此這麼久之後，龍瑛宗內心一直存有出版單行本的欲望。眼見比他年輕的作家，都是以全集的形式保留全部作品。他很早就委婉表示過：「這樣子年紀已達古稀之年，竟也沒有一本單行本。」

當年看到他在雜誌上寫下這段話時，我也感到不知如何自處，台灣社會一向沒有尊重傳統的意識，當然對歷史記憶也很少有珍惜之情。龍瑛宗被徹底遺忘，顯然與政治形勢有關。在患有歷史失憶症的台灣，如此重要的作家得不到承認，似乎已順理成章。龍瑛宗說：「我被環境所迫，沉默了二三十年，懦怯地爬出文壇時，讀者們已經忘掉了老頭子作家。天哪，天哪！」出自內心底層的吶喊，對我簡直是震耳欲聾。

裝幀精緻的全集付梓問世時，龍瑛宗生前的遺願畢竟實現了。知甫鉅細靡遺告訴我一些不爲人知的細節，包括他如何發現父親封塵已久的遺稿，又如何在編輯過程中親自參加翻譯。他在解說時，彷彿這部全集就是他自己的作品。他事親至孝，已爲文藝界熟知。最讓我動容的是，他那年帶著病體衰弱的龍瑛宗到中國踏尋杜甫的蹤跡。旅途的曲折艱辛，絕對不是外人能夠理解。龍瑛宗讀過無數世界文學名著，卻僅崇拜杜甫，而且已到了無上的境界。兩個兒子的命名，文甫與知甫，恰如其分透露他祕密的文學品味。他寫過一冊歷史小說《杜甫在長安》，也寫過以杜南遠爲主角的自傳性小說，都強烈暗示了他對中國詩聖的尊敬。

劉知甫提供

晚年的中國之旅，終於完成登上大雁塔的夢想，那是他寫《杜甫在長安》的重要場景。知甫說，那年他的父親只到達第二層塔樓，就無以爲繼，身體狀況已不容許他往上

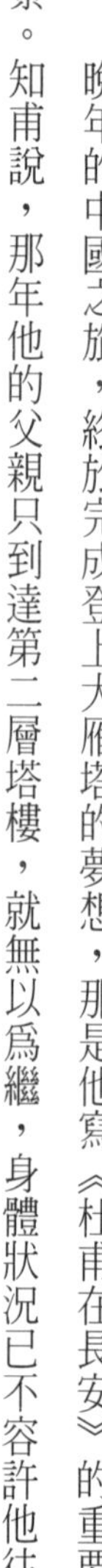

爬。但是，龍瑛宗特別喜悅，因爲他發現自己所寫的小說竟然與大雁塔的景致完全一樣。在回憶這段旅行時，知甫不禁興奮起來，他的喜悅也感染了我。

2.

全心投入閱讀全集之後，才知道我所認識的龍瑛宗原來都是我所不認識的。他是一位詩人，我從未意識過。讀過他早期小說〈植有木瓜樹的小鎮〉，都會感覺他詩一般的文字，被形容爲「纖細與哀愁」的小說語言，本質其實是詩的。半個世紀以來的讀者，大多集中在小說中流露對台灣人的嫌惡，因此判定作者的文化認同已發生傾斜。如果仔細再閱讀，當可發現小說藉用本地知識分子的各種聲音，來彰顯那個時代不同色澤的苦悶。龍瑛宗出現時，台灣作家掌握文學藝術的能力已臻成熟。較諸楊逵與呂赫若，他更清楚意識到營造現代形式的小說，不止於日語的表達必須精確，重要的是他注意到心理結構的變化。透過小說中不同人物的表白，呈現了那個時代台灣社會的集體無意識，使挫折的情緒與夢想的欲望完整裸裎出來。

我在過了三十歲之後才接觸這篇小說，頗有驚豔之感。那時我並不是從殖民地歷史的脈絡去閱讀，而純粹是從現代小說的基本藝術要求出發。利用各種聲音來拼湊一個時代的圖像，即使以廿一世紀的美學原則來檢驗，也是一個非常了不起的嘗試。但是，更引發我好奇的是，通篇小說完全訴諸詩意的語言。那樣的語言並非只是屬於美麗的詞藻，龍瑛宗經營小說的技藝時，已經注意透過平面語言來完成立體的、多重的隱喻與象徵。柔弱的語言竟暗藏批判的力道，那種強烈的吸引力迫使我開始追問：龍瑛宗是誰？

小說中的一位理想主義的年輕知識分子之死，留下一首散文詩的遺稿，至今讀來仍使我感到顫慄悸動。整首詩充滿逼人的死亡氣息，彷彿使讀者沉落到沒有止境的悲哀深淵。詩中出現的意象：被踏扁在路上的小蟲，緊摟著樹木的蟬殼、落葉，走過黃昏街上的殯葬行列，一再喚起死神召喚的力量。然而，讀到詩的最後，卻有了很強的反彈。這是整首詩讓我感到震撼的地方，也是使整篇小說迴轉成爲時代反諷的關鍵：

現在雖然無限地黑暗悲哀，
但不久美麗的社會將會來訪的。
我願一邊多采多姿地想像人間洋溢幸福的景象，
一邊走向冷冷的地下而長眠。

第一次讀這首詩時，我正在異域嘗盡孤獨的滋味。這十年來，在台灣文學史的課堂，我總是會忍不住站在學生面前朗誦這首詩。一種淒涼與孤獨，往往會無可抗拒地在我的肌膚浮起。每當那樣的時刻，我禁不住會想起二十七歲時的龍瑛宗。做爲銀行的職員，僅能利用下班時刻，斷斷續續寫了三、四個月才完成，究竟他要傳遞何種信息？他擁有一個那時代人人稱羨的穩定職位，小說透露的卻是一顆騷動不安的心。他終於決定走上文學道路時，就已經爲文學史擦亮火光。

在很多評論文字中，常常看到有人以「怯懦」、「畏縮」、「內向」、「沉默」的字眼來形容他。從來沒有人察覺他以著近乎革命性的行動，毅然辭去銀行員的工作，義無反顧地投入作家這個行業。他大概是日據作家中僅有的一位，把文學視爲生命中的最高價值。呂赫若同樣把文學看成非常嚴重的藝術，卻並未選擇成爲專業作家。殖民地台灣根本不存在任何條件，來支撐一位知識分子全然以寫作爲業。羞澀、怯懦的龍瑛宗卻那樣做了，究竟他在圖什麼？

我在這部全集中企圖尋找答案，但沒有一個確切的。或許他是爲了使台灣社會能夠產生出色的藝術，而能夠與東京文壇平起平坐。這樣的推測，似乎沒有說服力。我比較傾向相信，詩人的理想氣質驅使他埋葬一個庸俗的銀行員，從而使一個純粹藝術的浪漫追逐者早熟地誕生；誕生在一個不合時宜的錯誤歷史階段。他在一九四一年寫了一首〈午前之詩〉，彷佛在說他的時代是「淋雨的風景」，樹木戰慄，落葉飄搖。然而，在那樣寂寥的時刻，他如此寫下了內心的見證：

龍瑛宗（左）與王昶雄出席《文訊》重陽活動。（《文訊》雜誌提供）

我的影子獨自走出了房子
在門口回首看我一下
然後一直往前走

分裂的兩個自我，分明存在於他的生命。他的影子走出房子，應該是暗喻浪漫式的理想，留在房裡我則是屬於擁抱安穩生活的自我。幻影式地走出去，縱然遲疑地回首，畢竟是勇敢走出敞開的門。直到現在，我還是相信他具有革命的性格，他的抉擇行動，本質就是詩的。

在錯誤的時代做了正確的選擇，或者，在正確的時代做了錯誤的選擇，基本上都帶有悲劇的意味。投入文學道路之後的龍瑛宗，等於是投入另一個人生的戰場。他離開銀行的時候，也正是太平洋戰爭臻於高峰的階段。在戰爭的年代，一位專業作家比任何一位書寫者還更有義務涉入戰爭的工作。歷史的旋渦，立即把龍瑛宗捲入戰爭洪流。皇民文學奉公會，大東亞文學者會議，台灣決戰文學會議，在各種戰時體制的組織名單中，從此他再也沒有缺席。在這段期間，他的生產力尤其旺盛。詩，劇本，評論，隨筆，小說的各種文體，都有他參與的身影。皇民化運動改寫了他的藝術追求，也改造了他的命運。

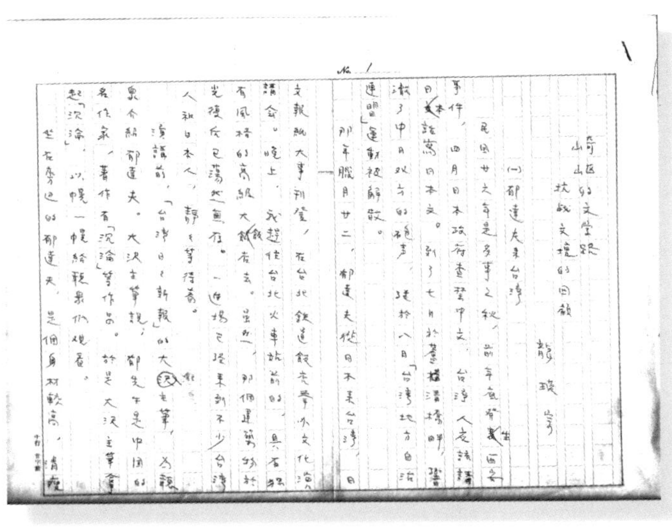

No. 1

崎嶇的文學路
抗戰文壇的回顧
龍瑛宗

(一)郁達夫來台灣

民國廿五年是多事之秋，前年底發生西安事件，四月日本政府查禁中文，台灣人走該讀日本語寫日本文。到了七月於蘆溝橋畔，響徹了中日双方的砲聲，迨於八月「台灣地方自治聯盟」運動被解散。

那年臘月廿二，郁達夫從日本來台灣，日日新報紙大事刊登，在台北鐵道飯店舉办文化演講會。晚上，我趕往台北火車站前的，具有歐洲風格的高級大飯店去。當然，那個建築物於光復后已蕩然無存。一進場已經來到不少台灣人和日本人，靜靜等待著。

演講前，「台灣日日新報」的大澤主筆，為觀衆介紹郁達夫。大澤主筆說：郁先生是中國的名作家，著作有「沉淪」等作品。於是大澤主筆拿起「沉淪」，以幌一幌給觀衆們看看。

坐在旁邊的郁達夫，是個身材較高，清瘦

劉知甫提供

戰火熊熊的年代早已熄滅，我的耳際卻常常響起沉沉落下的審判槌聲。龍瑛宗的文學生涯，大約在戰後初期就結束了。沉默長達三十年之久，他才又提筆撰寫。但是，就像他的自況，復出文壇時已是一位被遺忘的老人。接受寂寞時光凌遲的龍瑛宗，究竟是被遺忘了什麼？他的文學，還是他的皇民化運動經驗。當野蠻的民族主義四處獵取首級，沒有一位台灣知識分子敢於記憶曾經走過的價值顛倒的時代。

龍瑛宗選擇沉默，他並沒有選擇遺忘。文學仍然是他的終極價值，他無法忘懷年輕時期做過的革命性行動。如果大和民族主義時代，對他是一個悲劇，則中華民族主義時代，對他又是另一個悲劇。皇民化運動舖天蓋地襲來時，沒有一位百姓可以選擇逃避於羅網之外。

文學家的不幸，就在於他留下了白紙黑字的紀錄。被迫參加運動的醫生，公務員，勞動者，因爲沒有任何文字書寫，時代改變後，絲毫痕跡都擦拭淨盡。龍瑛宗在戰爭時期有文字創作，有發言紀錄，他成了被審判的對象。

在全集中，我注意到一九四一年至一九四五年之間，龍瑛宗的藝術到達一個高峰。能夠把這些文字譯成中文保留下來，絕對屬於正確。一位作家在那個時代寫出他的感覺，無論是出於自願或被迫，都是歷史的證詞。掩蓋這些文字書寫，無疑是在遮蔽歷史眞相。在閱讀時，我幾乎可以推測他起伏升降的情緒。處在戰爭火光照映下的思考與書寫，我寧可不急於做輕率的裁判。歷史從來沒有創造一個從容的空間，讓龍瑛宗說出他的心情。在各種審判槌性急地擊打時，他只能處在一個旁觀的位置。

一個國家權力，在戰爭年代沒有能力保護作家，卻單方面要求作家必須對權力效忠，這是非常不道德、不人道的政治要求。龍瑛宗從出生到終戰，本來就生活在一個沒有中華民族主義的時代。辛亥革命與北伐革命都發生在他的生命之外，中華民族主義構築的過程中，都是台灣人缺席的時代。中日戰爭爆發時，台灣人正好被迫處在敵對一邊。戰爭結束

劉知甫提供

了，中華民族主義固然是屬於勝利者，但是絕對不可以扮演台灣人的歷史審判者。我看待台灣文學時，便是以這樣的歷史態度來評價龍瑛宗的文學。他活在那個時代，走出那樣的道路，完全是由歷史環境形塑起來。閱讀他戰時文學，我寧可讓民族主義情緒退潮，專注集中在他文學藝術的成就。

3.

我在四月的春雨中，到達龍瑛宗母校的演講會場。今年（二〇〇七）是開南商工九十周年的校慶，我接受邀請參加演講，全然是因爲龍瑛宗畢業於這個學校的緣故。我以「現代，一直來，一直來」爲題，闡述這個學校的校友在台灣社會現代化運動中扮演的積極角色。那時我已讀完《龍瑛宗全集》，書中有一張相片，是他穿著商工學校的制服。憂鬱的眼神定定望著前方，相片以日文寫下離校時的心情：「校園枯葉紛飄然，已近昏月離別時，願把我的感傷獻給你」。

一位接受商工知識訓練的學生，在校時期就已開啓文學思考。他在拍攝照片時，想必看到未必能夠實現的夢想，只是他不知道，追求那些夢想必須以畢生的命運換取。我站在台上演講時，看到知甫也出席在觀眾中間。在發問時段，知甫特地站起來發言，補充說明龍瑛宗的文學修養。他說，在校時期就有國文教師鼓勵學生閱讀文學。龍瑛宗曾經在老師解說《源氏物語》時，感動流淚；當時的老師公開表示，龍瑛宗是唯一能夠理解這部歷史小說的學生。雖然是一則小故事，卻足以印證他在中學時期的文學啓蒙已經非常深刻。

劉知甫提供

龍瑛宗是我文學生涯中的一個典範。在台灣社會還未完全理解文學的意義時，他已立志要做一位專業作家。他的藝術氣質與審美品味，使他比同時代的任何一位作家還更早知道現代文學的純粹性。從行動來看，他不可能像楊逵那樣，藉文學形式來干涉政治。但是對藝術的追求，他從未有過懈怠。在南投、台北、花蓮的遷徙歲月裡，他幾乎都留下書寫的紀錄，而且在不同時空下創造出來的作品，都維持一定的藝術高度。我寧可視他爲文學革命者。

戰爭到來之後，他反而更積極開發自己的生產力。對他而言，他不是爲了交心表態，而是在那種戰爭體制的掩護下，得到了創造的空間。到目前爲止，全集譯出的戰時作品，也許可以證明他是同世代作家最豐富的一位。這些出土的文學書寫，還沒有人嚴肅去挖掘整理。在他的小說與詩裡，都一再出現「南方」的意象，卻沒有任何歌頌戰爭的意味。他在一九四二年寫的一首詩〈夜晚與早晨之歌〉，表面看是明朗，骨子裡卻帶著頹廢氣息。這種書寫策略，頗有一種抗議戰爭的意涵，饒富想像：

於薔薇與蕁麻的褥子
長久地，我在臥著
到了薄暮
南方的烏鴉，落腳於我的肋骨
散吐了不吉利的叫聲
我的淒涼的青春
推移了黑暗的夕影

這樣的詩句，全然不符戰爭時期的思維。我獨自坐在辦公室，沉思我所不理解的龍瑛宗。我不知道他的評價是否會重新翻案，但比較確切的，便是我自己的台灣文學史有必要稍加修正。

斜陽漸漸暗淡時，全集的八冊作品在桌上排開，那是歷史的碑石，冷峻而莊嚴。口吃的龍瑛宗在人們面前談話，總是相當吃力。他沉默時寫出的詩句與小說，卻是精鍊流暢。在他生前，我失去機會與他交談。如今在新世紀的時刻，我才收到他在戰時寄回的遺書。捧在我手中已成灰燼的夢，竟然使我感到發燙。我與他的眞正對話，現在就要重新開啓。

《聯合文學》二〇〇七年五月號

攝影／許鴻潮

水綠舊城

1.

曾經有過的早年牢獄經驗，是葉石濤先生永恆的創傷記憶。每次與葉老見面，總覺得他有多少被壓抑的語言想說又未說出。在他身上，我見證戰後知識分子內斂拘謹的行事風格，也因此而理解我父親那一世代對政治保持疏離淡漠的脾性。葉老比較不同的地方，便是毅然轉身投入寧靜的文學運動，以象徵暗示的形式持續干涉他的時代。在沒有聲音的年代，他終究沒有放棄發言。沉默並不意味著沉默，有時貼耳傾聽他的文字，遠方雷聲般隱隱傳來他內心的咆哮。

葉老曾是我的未知，也是我的失憶。至少出國留學之前，我從未意識到他的存在。必須等到我飄流遠洋，熱切回望台灣時，才恍然發現他的名字。細讀他的文字之後，我立即覺悟他的名字所蘊藏的意義。出於好奇，遂決心收集他的著作，那是我初識台灣文學時的

攝影／陳文發

入門必讀。《台灣鄉土作家論集》越洋寄到我手上時，惆悵與苦惱的情緒也同時席捲而來。掩卷之餘，我對著西雅圖窗外的夜空自問：爲什麼竟不知道那麼多歷史證詞般的文學作品？使我苦惱的是，倘然要從頭閱讀不該錯過卻又錯過的作家，應該如何開始？

讀他的書，猶似旅行在星羅棋布的文字迷宮，我嘗試理出一些方位與航線。經過兩年的困頓，我依然像在捧讀一張陌生的星圖。他的文字中提到許多作家的名字，卻都是我不曾接觸，我第一次覺得，台灣文學無疑是一門困難的學問。那是鄉土文學論戰結束之後，美麗島事件還未發生之前，我的心情停留在極爲騷動焦灼的狀態。進入八〇年代，我目睹全島大逮捕事件風聲鶴唳地展開時，一股風暴立即在內心醞釀造成形。整個政治氣壓是那樣低沉，簡直是在要求我必須付諸行動。我決定到洛杉磯參加一份政治刊物的編輯，就在那個時刻，我的知識追求也隱然出現了一個斷裂。

自大學時代就投入宋代中國研究的那種熱情，在我揮別校園時便漸漸熄滅。靜態的歷史知識已無法拯救我，當然更不能拯救在獄中的朋友。專注瞭望台灣的時候，我重新捧讀葉老的著作。他的文字牽引著我，篤定朝向台灣文學的道路。從宋代中國跨向現代台灣，那是多麼劇烈的轉彎。有生以來，我從未爲自己的故鄉如此苦惱過，更從未爲知識的抉擇如此掙扎過。道路既已展開，只能依賴意志走下去。

知識的再出發，從來就不是愉快的事。我強烈體會到，每一種全新的學問都不是依照自己喜歡的形式設計出來。與葉老的文字開啓對話時，似乎有一種荒謬諷刺的感受，他的書寫帶有日文句型和語法的氣味，於我讀來竟是疑似翻譯般的陌生。不過，我還是決心跟著他學習，因爲在那時期只有葉老在整理台灣文學史的記憶。凡是他讀過的書，我一定找來閱讀。那是最笨拙而困難的辦法，對我卻非常務實。八〇年代的整整十年，我幾乎讀遍所有能夠到手的台灣小說。這都是依循葉老指示的方向去實踐的。

葉老的《台灣文學史綱》對我的幫助，現在想來是至大且鉅。坊間有不少批評家對這冊開山之作，極盡冷嘲熱諷之能事。很多人以一種奚落的語氣冷冷指責，認爲這根本不是史綱，只是一冊書目的羅列。對於這樣的批評，我總是致以高貴的敬意，相信他們有朝一日必定可以寫出翔實可靠的文學史。我的期待，最後當然是落空了。台灣學者的貴族氣質，往往經不起檢驗。我幸好是聽從了葉老，否則到今天不要說寫一部文學史，即使是初階的台灣文學知識恐怕也不甚了然吧。

在那段非常時期，我大約是每週以二至三篇政論撰寫的速度來維繫我的批判意志。爆發式的產量，即使今天看來也還是讓自己感到訝異。不過，我從來並不相信政治問題僅能訴諸政治方式來解決，欠缺人文思考與歷史意識，將永遠使台灣陷入惡性循環的漩渦。每當這樣看待台灣問題時，葉老的文字在八〇年代帶給我的意義就很不尋常。他的思考是那麼透明，他的表達又是那樣素樸，卻能夠條理地把不同歷史階段的作家安放在恰當的位置。在政治干涉還未鬆綁的年代，「台灣」是何等敏感的字眼。被尊貴學者定義爲粗糙簡單的這冊文學史，耗費了幾乎是葉老前半生的時光。我可以想像，這位受過日語教育的台灣史家，使用每一個中文時，簡直是在堆砌磚石那般，費盡多少心力。更讓我折服的是，葉老在建立史觀時，極其慎重地把左翼思考也嵌入字裡行間。其中的微言大義，對於現階段的新世代研究者來說，已屬高深的謎語。

2.

葉老的左翼道路，引發我高度的好奇。整個八〇年代我投注在台灣共產黨史的研究時，便積極尋找有著社會主義信仰的知識分子歷史。一九八三年秋天，從未謀面的葉老親自寄來一冊《作家的條件》。在扉頁上，看到他以謹慎的字跡寫著「陳先生教正」，我一時不知要以怎樣的情感來接受。那時我才正要朝向台灣文學出發，一個沒有任何研究成果的學徒受他如此看重，反而使我對他產生敬畏之心。他的《台灣文學史綱》想必已經開始構思，書中的兩篇文字〈光復前的台灣鄉土文學〉與〈日據時期台灣文學的回顧與前瞻〉，落筆的分量已經富有史筆的意味。我特別注意到，他在行文中表達的思考方式，頗具左翼的姿態。敏感的鼻子幫助我嗅到，這位前輩知識分子必定受過社會主義的洗禮。我無法不對他致以最高敬意，當台灣還戴著戒嚴的枷鎖之際，葉老似乎有意藉文學的撒播，暗中傳遞社會主義信仰的香火。

我終於明白，葉老在他的文學評論特別堅持寫實主義立場的原因。台灣學界有太多的寫實主義論者，卻全然沒有社會主義的知識訓練。不僅如此，有些人竟然還以著反共思考提倡寫實主義，這當然是台灣學界的不幸。戰後知識分子在馬克思長期缺席的思考裡接受右派教育，又在威權體制陰影下接受反共教化。在很大程度上，加害者與受害者之間建立了思想上極其微妙的共謀關係。葉老的寂寞，自然是可以推想。我不能不對他表示敬意，正是因爲他無懼於權力干涉，使用迂迴曲折的語言對資本主義制度表達批判。當他努力推

崇寫實主義思潮時，沒有多少人能夠眞正理解他內心的願望。他受到熱鬧的推崇，卻找不到左翼的對談者。

葉老並不是教條的、僵條的老馬克思主義者，他甚至也沒有任何入黨的經驗。這是台灣文學傳統中最値得珍惜的資產。在政治上，葉老可能未曾實際介入過；在行動上，他也可能是一位未遂的社會改革者。然而，從台灣受到限制的歷史條件來看，他通過文學實踐來完成批判精神，其信仰之堅定絕對不輸給激進的馬克思主義者。在他的評論文字中可以體會，葉老自始至終都抗拒著邪惡的資本主義制度。他具有歷史意識，更具有理論基礎，每當討論台灣文學時，他的詮釋與他的立場全然一致。

坊間有所謂民眾史的左翼研究者，據說相當熟悉五〇年代白色恐怖的歷史。然而，很離奇的是，每位受訪者一旦落入他的筆下，反而都變成了中華民族主義者。更奇怪的是，這樣的左翼研究依賴的唯一標準，便是檢驗受訪者有沒有入黨。凡是入黨者，便是可敬的馬克思主義者。這當然再次顯現知識界的貧乏。台灣左翼運動者受到的歷史待遇，只剩下黨性與民族立場的鑑定，至於他們的思想內容與階級立場則都輕易遭到放逐。

葉老的孤寂就更加深重了，一方面他面對的是沒有馬克思主義的寫實主義論者，一方面他又面對沒有階級立場的民眾史論者。尤其他見證台灣社會日益資本主義化時，內心的無奈與無助，一如他在書中的〈自畫像〉那樣感嘆：「我有時也爲自己『一無用處』的碌碌生命而覺得羞恥。」這是一種反面的告白，也是一種正面的譏刺。就像他後來反覆所說，做爲一位台灣作家是一種天譴。我在異域捧讀這些字句時，不免暗自感到羞慚。這位畢生奉獻給台灣文學的長者，在本土論述的風潮中竟然找不到一個知音。

漫漫十餘年之後，我終於回到台灣，然後又輾轉回到學界。葉老的著作成爲我講授「台灣文學史」的主要參考書目，我在海外的閱讀，都融入我授課的思維。遠在一九六五年，台灣文學還無聞於國內學界之際，葉老就已立下誓願：「我渴望著蒼天賜我這麼一個能力，能夠把本省籍作家的生平作品，有系統的加以整理，寫成一部鄉土文學史。」那是他在《文星》發表〈台灣的鄉土文學〉透露的一個信息。在荒煙瀰漫的年代，他的立志也許沒有人嚴肅看待，當然也不會有人對台灣文學有任何期待。這位受到天譴的作家，既未受過歷史訓練，也未熟悉中文書寫。坐在不爲人知的幽暗角落，他以不懈的閱讀意志，實踐想望中的歷史工程。未嘗鬆懈地發表書評與讀後感，每位本地作家生產的小說都成爲他春蠶吐絲的養分。對於他在戒嚴時代完成的文學史，我從來不敢抱持輕忽之心。凡在書中出現的人名與書名，我深信都是經過他細讀之後而篩選出來。誰能進入歷史，誰不能進入歷史，端賴史家的膽識。葉老的果敢判斷，建立在綿密、深刻、廣泛的閱讀基礎之上。僅僅是這樣的實踐，就耗去他的半生。

一九八五年八月，葉石濤在鍾理和紀念館演唱〈桑塔露西亞〉。（《文訊》雜誌提供）

站在講台上複誦葉老的文字時，我暗自告訴自己，必須讓台灣文學史變成一門受到尊敬的學問。那是一九九五年的事，國內其他學院還未開授這樣的課程。我清楚意識到，向葉老致敬的最佳方式，便是全心追求一部文學史的書寫。每當深夜在研究室整理史料時，不時會記取葉老在蒼白的六〇年代發出的誓言。歷史上的左翼知識分子，往往以行動與實踐來兌現自我許諾。在看不到希望的年代，在找不到出口的社會，他已經知道自己抉擇的方向不太可能到達。他最後並未迷失，那是可靠的信念支撐著不懈的意志。我現在已經看到隧道盡頭的光，我的努力可以不如葉老嗎？

我終於提筆寫下第一章的文學史，隱然覺得葉老在暗地給予有力的激勵，而我也覺得自己好像在與他的時代較勁。距離葉老誓願的時間，正好整整三十年。我可能在思想上沒有他那麼左，但是實踐的工夫決不能輸給他。急起直追時，一種遲到感緊緊押著我。

3.

我之拜見葉老，也是遲到的。讀他的書多年之後，才知道他竟是定居在我的故鄉左營，那一個舊城水綠的小地方。在流亡的歲月，第一次發現他有一篇回憶文字〈府城之星．舊城之月〉，使我有一種難言的喜悅；那種喜悅，卻又有莫名的虛榮。原來這位分量極重的史家，很早就已坐鎮在我的故鄉。我對台灣文學的無知，於此又得到印證。

以思想犯的身分，在一九八九年夏天獲准回台時，我才有機會返鄉拜訪葉老。從我家到他家，僅是五分鐘的步行，我卻需要經過十餘年的流離輾轉才能到達。走上階梯時，我懷著朝聖的心情，但是，看到他簡陋的書房時，我有一種刀割的痛楚。原來他文字所說的天譴，並不只是精神層面而已。一把陳舊的籐椅緊貼斑駁的書桌，玻璃窗外是喧囂的市聲。兩排書架座落在他撰稿時的身影背後，架上日文、中文書籍並排混合置放著。從前在書裡看到他坐在桌前寫稿的照片，由於是黑白印刷，我以爲那是優雅的空間。未見之前，他手持香菸回眸的姿態，已是我熟悉的影像。淡淡的光線從窗口投射進來，眼鏡的陰影使他的神情看來特別閒適。站在他的書房，我才覺悟所有的寫眞其實都是寫假的。

在稿紙上一個字一個字鏤刻文學想像時，原來他是坐在如此窄仄的書房。上天賜給他書寫文學史的能力，卻又嘲弄地賜給他一個無法迴旋的空間。葉老自在地與我對談時，完全不談自己的生活，反而熱心問起我在海外的漂泊經驗。我平靜地坐在他對面的木椅，內心卻暗暗湧起欲淚的衝動，我不免要詛咒上天，詛咒歷史，詛咒政治，這世間還有一點公理嗎？

我隱忍悲傷向他辭行，懷著啜泣的心情又回到海外。書架上置放一排他的書籍，冷冷俯視著我。重新翻閱已經讀過的作品，感覺已全然不同，變得更具體也更痛苦。那張悠然回眸的相片，又一次傷害了我。不，應該說台灣歷史與台灣文學，第一次讓我體會到什麼是被侮辱被損害的滋味。正式返台定居之前，我加速建構本土論述，無畏地對當權者展開嚴苛的批判，無懼地與所謂中華民族主義者進行對決，無非是見證了葉老受到不公平的待遇。在他身上，我看到歷史的縮影，也看到許多看不見的受害魂靈。他後來所寫《一個台灣老朽作家的五〇年代》與《台灣男子簡阿淘》，還不足以概括他的個人生命的創害於萬一，遑論整個台灣歷史的殘缺與受辱。

寂寞的葉老，終究注定是寂寞。返回學界任教後，我參加一個世紀末的「葉石濤學術研究會」，有幸受邀發表一篇關於他的文學史書寫。記得我在會場討論葉老的左翼史觀時，竟引來一位據說是本土大老的質疑。他認爲，葉老的文學史爲什麼必須牽扯到左翼的觀點？他發問時的那種恐左表情，於我是千古難忘。在那時刻，我始驚覺反共教育果然是成功的。原來本土論者抗拒威權體制之餘，在反共立場上最後還是選擇與威權體制緊擁在一起。葉老在五〇年代爲了左翼思考而付出慘痛代價的記憶，在本土論者眼中原來都不算數。葉老坐在受到天譴的斗室寫出的文學史，對日據殖民時期與戰後戒嚴時期的資本主義化提出的抨擊控訴，在本土論者的解讀原來都不存在。他們以本土之名尊崇葉老，而這尊偶像僅是偶像而已，他的左翼本土已被棄擲不顧。原來所謂本土，竟是一種窄化思考的本土，是一種選擇記憶的本土，是一種遮蔽歷史的本土。

我與葉老有過無數的見面談話，最愉快的一次，應該是世紀之交爲他拍攝「作家身影」的時候。那是二〇〇〇年大愛電視台開闢的一個訪談節目。我帶著家鄉陽光那般的心情，邀他到蓮池潭錄影。他走在前面，引領著我走過他每天散步必經的道路。開朗的心飛翔在大街小巷，因爲那也是我年少時仔細穿越過的。這時的他，再也不設防，談話中提到自己的孩子，病痛，起居，抱怨這個，咒罵那個，完全是一個平凡而善良的家鄉鄰居。

記得他走上舊城的石階時，他向記者介紹這一道城牆的歷史。微風中飄揚著衣袖，他的背後升起一片巨大的白雲，我依稀看見自己童年時夢幻的午後。望著白雲，我幻想過各種形象，也幻想著不著邊際的遠方。聆聽葉老細說故事時，我想到他的夢，我的夢，台灣的夢；一時之間，驟然衰弱蒼老。沉浸在感傷的回憶時，卻突然聽到葉老有一種微微憤怒的聲音：「九〇年代的台灣文學，都變成商品化了。文學拿來消費，台灣還有什麼希望？」風中繼續飄來他的聲音：「現在的年輕人只知道享受資本主義，已經不懂怎樣批判了。」從夢中驚醒的我，發現他並未有蒼老的態勢。他的思考，他的語言，還是那麼富有力道。

步行走到蓮池潭時，攝影師要求他背對水面，從塔閣那邊緩緩走來。他走得很自然，彷彿事不關己。那幕景象使我看到眞實的葉老。在生活的折磨中，他培養出一種豁達的氣度，一種超然的氣質。出生在府城的葉老，早年遷居到左營，到今天已有半個世紀。舊城的陽光，池潭的綠水，已都沉澱成爲他的膚色。街坊人家也許沒有多少人讀過他的書，但他們都知道葉老是一位「重要人物」。我曾問過葉老住家對面的一位美髮師，爲什麼會說他是值得尊敬的？她笑得非常開朗地說，常常有電視來採訪，有時在報紙看到他得獎的新聞。她又神祕地說，很多立委、議員都來拜訪他。

在橋面上來回散步的葉老，對於權位名利早已置之度外。年少時期就立志改革社會，他卻傷心地看著台灣不斷被編入資本主義體制。世界被改造成他所不認識的形態，葉老的

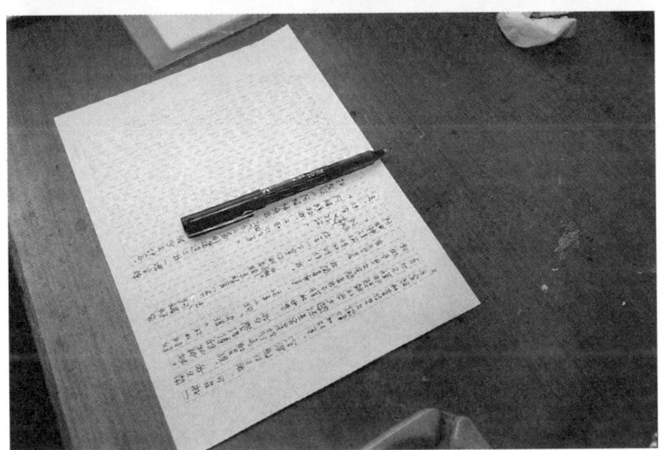

攝影／林盟山

理想看來像是一張被揉縐的稿紙，兀自在風中飄盪。只是歷史也有網開一面的時候，容許他不斷書寫悲憤、傷痕、幻想、咒罵的文字，書寫帶給他些微的溫暖與片刻的幸福。正是藉助不斷書寫，被權力遺忘的葉老終於改寫了歷史。今天台灣文學已成爲坊間所說的顯學，縱然還未企及尊貴的位置，卻是無法閃避的一門學問。葉老以個人的力量推波助瀾，已是公認的歷史擘造者。我投入文學史的營造，提出的後殖民史觀，完全是脫胎於他的左翼史觀。今年八十二歲的葉老仍然還未停止書寫，他已經到達與自己競賽的階段；與歷史比賽，是他年輕時期的事。古典顏色的舊城可能是他歲月的暗示；生動的綠水卻是他生命的隱喻；而我的故鄉左營，因爲有葉老的鎮守，無疑是台灣文學的象徵。

《聯合文學》二〇〇七年四月號

晚禱裡這孤燈

攝影／關耀輝

1.

北美的城市，星球般羅列在我的記憶；一個比一個遙遠，一顆比一顆孤獨。遠方的城市一似神話，渺茫無稽，卻是我在八〇年代飄流於星際旅行時的驛站。西雅圖，洛杉磯，舊金山，芝加哥，波士頓，紐約……，每座城市或深或淺記載著我遊蕩的身世。微近中年的怔忡與落拓，沿途散佚在異鄉城市的街燈巷影。悠長的浮沉之旅，可以感受到時間的快速流逝；彷彿是前生今世，又好像是古往今來，總覺得自己是遭到人間棄擲的一隻影子。

遇到史明先生時，我始怯於訴說自己的孤獨。在詭譎的天涯，初遇史明於我是一樁震動的事件。這事件使我深深體悟，在此之前忍受過的一切寂寞不再是寂寞。一九八一年史明到達洛杉磯時，已屆六十三歲，我才三十四。那是他的第一次北美之旅，意義頗不尋常。因爲與他一起同行的，是一冊甫完成的巨著《台灣人四百年史》。這部作品歷經十六

一九八五年史明（時年六十七）訪問美國西雅圖。（攝影／陳芳明）

年的時光才書寫竣工，挾帶著歷史的風雲與騷亂，讓我在閱讀時承受一股強烈的動力。

那年夏天的一個午後，他持贈一冊給我時，便啓開了往後二十餘年的歷史召喚。窗外洛杉磯那座城市，正蒸騰在陽光烈烈的大陸型谷地，而我正要跨入亞洲海島的一個古典世界。當我說古典時，內心絲毫不存在希臘或羅馬的隱喻，但我確確實實把手上這冊厚重的書籍視同史詩那般。不過，台灣的史詩並未出現英雄式的人格。在史明的筆下，用力最深的則是集中於描述主流歷史輕易忽視的一般民眾。他的文字並不容易閱讀，畢竟那是以日文原著爲基礎，重新改寫擴充而譯成漢文。史明的翻譯文字顯然帶有一些東洋味道，卻對我產生一種難以抗拒的魅力。使我樂於深入書中進行細讀，也並非純然由於文字，最主要還是整本書的結構與內容引發高度的好奇。那時還未預見，藉由這冊厚達千頁的作品閱讀，我漸漸被引導走向台灣史研究的道路。

那個炎熱明亮的南加州夏天，是我向史明問學的一個起點。最初坐在他投宿的客棧訪談時，我內心多少暗藏著不安。自年少以來的知識訓練，我早已被鍛鑄成型，澆灌出來的思維模式恰好是背對著台灣史的方向。以中原取向爲主流的教育下，如果我懷有絲毫所謂的歷史意識，那絕對與我所賴以生存的海島毫不相涉；反而是宋代中國的歷史與我眞實的生活緊密銜接起來。至今想來，我還是覺得不可思議。

史明的出現，對我知識的追求造成一次嚴重的斷裂。我偏離中國，回歸到台灣，就在那年夏天確立。無論是學術思考或政治信仰，都同時有了一次重大的迴旋。那樣的大轉彎，似乎就是向我壯年以前的歷史知識正式揮別。但是，揮別並不是一項輕鬆的儀式。思想上釀起的風暴，激盪成一種拉扯、拔河式的撕裂。其中牽涉到民族主義的問題，也擴及到左翼立場的介入。我不知道當時自己的靈魂究竟是早熟還是早衰，只覺得一場無盡止的內在革命已然爆發，巷戰與肉搏戰對著我早期的生命展開圍剿殲滅。

爲我的青春舉行降旗儀式，全然來自史明的著作。他提出的三種解釋，啓開了我的眼界：台灣民族的概念，階級立場的分析，殖民歷史的建構。這些都在我早年的歷史接觸中從未見過，尤其是台灣民族一詞的浮現，無異是一陣驚雷。習慣於中華民族主義的支配之際，我很難理解台灣民族的歷史意義。由於對台灣史的不熟悉，甚至可以說處於一種文盲狀態，我的掙扎糾葛幾乎可以使用慘烈來形容。這兩種對決又對峙的價值觀念，竟在讀完他的史書之後，終於在我的內心產生了位置對換。

我不宜過分誇張史明的書寫策略與詮釋立場。但是，這麼長久的時間過去之後，我仍然必須承認，撐起他史觀的鼎足思維：民族，階級，殖民，三者之間其實具備了有機的邏輯思考。建立在綿密而富饒的史料基礎上，史明比任何一位史家更早提出了後殖民的解釋。如果沒有經過史明思考的洗禮，我是不是能夠到達後來薩依德的《東方主義》，是很可懷疑的。我在八〇年代末期拾起這位巴勒斯坦學者的經典作品時，頗驚訝於他對殖民地歷史與文學的解釋，薩依德一方面揭露歐洲的東方學者（Orientalist）如何以想像與詮釋塑造東方人的形象，一方面又暴露西方文學家如何透過文學書寫來創造東方人的意象，從而批判這種加工式的東方知識其實是一種政治權力的擴張。如果史明為我造成知識上的斷裂，薩依德則為我帶來研究上的突破；他們分別帶給我日後殖民論述與後殖民論述的視野。

把《台灣人四百年史》與《東方主義》置放在一起相互比並，我第一次發現，原來史明與薩依德已在我的思考展開對話。做為一位文學研究者，倘然不知道文學背後的歷史演變，則任何學術想像都只是扁平的，無法創造出立體投影的效果。我能夠在很短的期間掌握薩依德的思考模式，顯然是得力於史明讓我獲取的台灣史知識。平生從未體悟過什麼是知識上的會通，在我跨入中年之初竟突然能夠理解，我有一種喜悅與悲哀。這種複雜的情緒絕對無法向外人說得清楚。使我所喜，是因爲內心有一個聲音告訴我可以著手去寫台灣史；使我所悲，卻是覺悟到自己對台灣史的認識是何等駑鈍。通過史明這道知識之門，我重新啓程出發時，才明白曾經是遲到的學問已不再遲到。

2.

中年時期我寫過最辛苦的一本書是《謝雪紅評傳》，開筆於一九八七年。那年，我屆滿四十歲，也正是台灣社會宣佈解嚴的時刻。決心要寫謝雪紅，靈感當然也是來自史明。

初識謝雪紅的名字，遠在七〇年代初抵美國時，從有關二二八事件的書籍就已得知。在英文報紙中，她的名字被譯爲 Snow Red，正好與西方童話中的白雪公主 Snow White 形成強烈對比。這項發現，對我是一種知識上的嘲弄。畢竟在傷心地的台灣是沒有任何童話的許諾。在謝雪紅身上，我看到台灣歷史的苦悶縮影。我一直在培養書寫的能力，一方面是由於史料過於欠缺，一方面更重要的是對台灣左翼史的理解過於貧乏。我終於蓄積足夠的勇氣動筆撰寫，正是得到史明的適時協助。

他從未鼓勵我寫歷史，常常告誡說：「一旦寫成文字，就成爲歷史，必須非常謹慎。」

懍然於這樣的受教，我更不敢輕易動筆。一九八七年夏天，我以無國籍的身分飛抵日本，決心尋訪謝雪紅的蹤跡。我既失去中華民國護照，也未取得美國護照，只能使用一本沒有注明國籍的白皮書文件旅行。那時我已離開台灣十三年，在東京看到黑色的屋瓦時，竟湧起泫然欲泣的激動，畢竟有那麼久的時間沒有見過東方式的建築。我眷戀地佇立在許多低簷的尋常民宅門前凝視，使我強烈憶起童年時期的台灣。

停留在東京期間，我寄宿在史明的住處。位在池袋車站西口對面的窄巷裡，他的房子是一棟五樓建築，瘦瘦地擠在高樓之間；佔地面積極小，空間非常侷促。我睡在五樓，他自己住在四樓，一、二樓則是掛有中華料理招牌的飯店。如此貼近他的起居，我才知道他一向是沒有私人生活。這不僅是他的訪客特別頻繁，我還親自看見他在飯店最忙碌的時候也下廚操鍋。我終於理解爲什麼他能夠支持一個屬於自己的政治組織，也明白了爲什麼他堅持革命是要從日常生活做起的想法。

他的生活節奏非常明快，幾乎沒有休閒的時刻。他在晨間打坐之後，便開始早讀；中午休息之後，便出門去游泳。晚上他總是閉門讀書撰稿。我在那段時間，向他請教一些台灣共產黨的歷史問題。他總是提醒我，研究台灣史不能只是注意台灣的史料。他說，日據時期台灣是一個殖民地，所有的政經變化往往與日本有互動關係，而且也與整個東亞形勢的動靜息息相關。他要我注意，台共的組織不是孤立的，它的成員既然也有來自日共與中共的黨員，就不能不涉獵蒐集中國、日本左翼運動的史料。他還特別點

出，當時的各國共產黨都受到俄國第三國際戰略方針的指導，尤其謝雪紅直接受過莫斯科東方勞動大學的訓練，不能忽視這個事實對台灣政治運動的影響。在談話時，史明對於史實瞭若指掌。有時為了加強我的印象，他會順手從書架抽出書籍，讓我知道史料的出處與相關的歷史事件。

在求知的過程中，從來沒有接受過如此耳提面命的經驗。當他知道我決定撰寫謝雪紅傳記的心情，便全力為我提供大量資訊。我的東京之旅似乎富於政治色彩，但是長途追尋史料的曲折艱辛，彷彿也暗示我一步一步向學術回歸。見證了史明的生活態度，我也得到啓示，原來生命力與創造力的意義都是在實踐中獲得。近在咫尺，我可以感受到爆發能量的熱度與勁道。在無言的身教中，我始體會歷史書寫原來不是向壁虛構，也不是靜態的文字紀錄。我後來決心走訪美國、日本、香港的圖書館，為的是要把謝雪紅的歷史形象碎片拼湊起來。天涯海角有太多散佚的文字，在旅途中我樂意彎腰俯首去尋拾，其實都是在學習史明的精神。

沒有那樣的實踐，我無法回到謝雪紅的歷史情境。當我開始提筆寫下第一章的起頭文字時，並不知道那將耗去我未來四年的時光。如果書寫也是一種實踐，那麼一個字一個字落在潔白的紙上時，我終於也體會到知識與學問是有很大區別。知識是從別人的經驗取得，學問則是從自己的生命創造出來。在書寫時，若是不能與自己的生命發生交感共鳴，那注定是痛苦的追求。當每一個書寫出來的文字都能生動擊打自己的心坎，那樣的書寫就像泉水自然湧出，在折磨中反而有一種快感。史明的生活那樣具有生命動力，正因爲他知道自己正在創造。即使在世俗的歲月裡，他必須下廚，完全不逃避日日夜夜的瑣碎，卻完全無礙於他的思考與寫作。

這讓我想起了「知識分子」這個受到曲解的名詞，彷彿那是靜態族群的寫照，是貴族氣息的象徵。我不能不把史明與薩依德聯想在一起，他們都敢於向權力說眞話，都願意在世俗中實踐他們的理念，並且願意捨棄潔癖的姿態而介入政治行動。那種人間性迥異於一般所謂知識分子的定義。他們回到書齋靜心寫作時，並未遺忘窗外的世界，其實書寫才是世俗行動與實踐的延伸。

史明教育基金會提供

我離開東京時，面對機艙外蔚藍的海洋，在內心暗自說話，這輩子再也不要寫出不能使生命感動的文字。隱約中，我彷彿也聽到自己的聲音，在任何情況下必須發言時，就不再保持沉默。那段時期所撰寫的謝雪紅，正是我思想上產生波動最爲激烈的階段。尤其目睹台灣社會篤定宣告一個威權體制的崩塌時，我的書寫與自己的生命撞擊出的火花，至今我還是覺得無可置信。史明當可理解我那種轉變的力量來自何處。

謝雪紅這位女性，在我生命中會產生意義，就在於啓開我日後的左翼後殖民史觀。我毅然擺脫過去那種平面的考據方法，爲的是要更眞實地理解台灣。謝雪紅的生命，引導我去認識國族認同，階級立場，性別政治三個議題，這是我過去歷史研究中從未觸及的領域。我從來不否認，這冊評傳的完成，在於總結從八〇年代跨入九〇年代的海外漂泊心情；同時，那也是一種姿態，公開向台灣預告我將重新起碇回航。

我仍然清楚記得，《謝雪紅評傳》在一九九一年出版後的那個秋天，史明驅車到達聖荷西。那時他正有一個全美旅行的計畫，將訪晤每一個城市的台灣人社區。他的旅行壯志是我無法企及的。旅居美國十餘年，我未嘗有過任何征途的構想。勇於實踐的史明，隻身展開孤獨之旅。我幾乎不敢想像，那年已是七十三歲的他，在寂寞的高速公路駕車前進，我彷彿看到一張攤開的巨幅地圖，投射著一個細微的身影。孤獨的滋味一如天地那樣廣大沉重，竟無法把他吞食。

他征途的第一站便是聖荷西。聽到門外停車的聲音時，我很難相信他是憑藉地圖的閱讀而順利抵達。門啓處，他安然出現，我一時感動得不知如何言語。當我把新書交到他手上時，史明並沒有給我過多的溢美讚辭，只是輕拍我的肩膀說：「做得很好。」他說的是日語，我多年書寫的凌遲苦痛，卻因爲他簡單的語言而得到釋放。這是向我的台灣史啓蒙導師交出第一份成績單。

3.

所有從天涯回來的浪子，在心靈上都不免鬆上悲壯與淒涼的色調。我在一九九二年回到台灣時，心情正是處在那種抑揚起伏的狀態。飛揚的那一面，是因爲我找到一個據點可以與威權體制對決；抑鬱的那一面，則是在過了中年之後才回到故鄉，彷彿一切已都遲到。在爲改革的政黨發言之際，從未忘懷史明給我的教誨。他常常對我說，敵人的力量大，我們的力量小，必須善用無形的資源，使其化爲有形的力量。他那樣說時，我當可理解其中的微言大義。看不見的力量潛藏在社會的底層，蘊藏在人們的意識，蓄積在台灣的文化。我的政治實踐，應該可以視爲史明教誨的一部份吧。

我從未想到，史明在一九九三年選擇了自己回家的方式，突然出現在台灣。官方媒體指控他是「非法入境」，但是他並未有任何懼色。對他來說這是他的土地，沒有任何力量可以阻擋他的返鄉。我與他在台北重逢時，情緒尤其複雜。唯我明白，他懷有強烈意志，誓言一定回到台灣。

記得在一九八五年初秋，他遠赴西雅圖與我聚會。北美洲的西北海域，正進入鮭魚返潮的季節。從海水涉入溪流，鮭魚奮勇回到出生原地的壯闊場面，我是見識過的。即使是在最淺河水，床身鋪滿粗糙的卵石，鮭魚仍然成群結隊逆流而上。魚腹傷痕纍纍，血絲洗滌著清澄的水流，卻沒有削弱牠們的扶搖直上。那是我見過的無可輕侮的生物，是義無反顧的返鄉者。秋涼襲身的黃昏，我與史明站在河岸觀察。暮色已悄然覆蓋過來，史明挺著背脊，紋風不動，專注凝視著前仆後繼的鮭魚。我側面望向久久不語的史明，才發現他的臉頰竟印著微微淚痕，映照淺淺的秋陽。衣袖迎風的他，不經意流露出他生命中最爲柔軟的一面。

在那沉默的時刻，我領受了他的眞情。他的面容有著男性肌肉的線條，有位雕塑家曾說，史明的輪廓最適合入畫。他其實要說的是，史明是一位堅強的男人。這已是普遍的定論，周遭朋友都持這樣的看法。然而，他脆弱的情感與尋常的人沒有兩樣，而那往往是被忽略的。他的形象既是如此，所受到的期待就完全不同於凡人。在內心深處，我與他維持著既像師徒又像朋友的關係，當然我很清楚他也是頗具人間性的長者。

曾經有過游擊隊經驗的早年，他出入過上海那繁華城市。精神放鬆下來的時刻，他會情不自禁唱起四〇年代曾經聽過的流行歌曲。他很熟悉周璇與白光的歌聲，在餐聚後總會低聲輕哼。每個人都視他爲冷酷的漢子，而我知道他是一位性情中人。史明的返台方式可能令人感到訝異，認爲那是一種叛逆的行爲。我不會覺得奇怪，他的行動就在於表現眞實的情感。他成功抵抗了來自體制的政治干擾，終於能夠依照自己的意志在台灣定居下來。

他的柔情與果敢，不能不使我想起二十年前在北國賞鮭的秋天。這十餘年來，我會定期與史明見面。雖然不算頻繁，那份師徒情誼從未受到影響。他仍然相當活躍，比起在海外時期還更積極。他組織一個車隊，從南到北繼續宣揚他的理念。高舉台灣民族旗幟的身姿，睥睨他的時代。許多從海外回來的台獨運動者，吶喊過要流血革命，如今卻從不掩飾對政治權力的飢渴，紛紛向體制靠攏。只有史明隻身抱持疏離的態度，抗拒權力的誘惑。這是他的驕傲，也是他的原則。

他非常明白台灣社會並未有革命的條件，因此從不反對所有選擇進入體制的朋友。然而在體制內並非是享受權力，馴服收編。他到今天還是認爲，體制內改革的意義，絕不稍遜於體制外革命。見證了現階段的改革者都變成食夢獸時，理想一寸一寸瓦解之際，他已到了無法忍受的地步。他以兩年的時間完成《民主主義》一書，一方面介紹西方民主思想的流變，一方面則是迂迴對於所謂本土政權進行批判。他的身段，使酷嗜權力的政治人物都成爲侏儒。沒有人相信，他這樣發言時，年齡正要跨入九十歲。

異國的城市，有多少街燈照射過他寂寞的身影。在星際旅行的浮盪途中，我常常與他不期而遇。每次見面，他未嘗須臾偏離精神奕奕的節奏。第一次在洛杉磯見面時，就已聽他說過：「再讓我努力十年。」時間過去了，蒼老也過去了，他的努力卻未見有稍止的跡象。如果說他具有傲慢的人格，我是不會反對的。做爲他的後輩，我不敢有任何懈怠。典型在夙昔，典範在眼前，我只能亦步亦趨追趕著他。晚濤更急，孤燈更亮，如果他持續燃燒，果敢出航，我豈可輕易捻熄年少以來的理想與希望。

攝影／許鴻潮

美濃是我的心情

1.

離開美濃小鎮時，那素樸謙遜的聚落正濡濕在群山釋出的水霧裡。一場豪雨才告結束，沖刷的力量猶歷史之挾泥沙而下；淘洗淨盡的是悲苦記憶，遺留下來的是美麗靈魂。每年這時節，也許是晚春，也許是初夏，我會引領學生前來朝拜。使用朝拜一詞，於我是恰如其分。春夏之交的溫度與濕度也是恰到好處，我懷著敬謹之心再一次回到鍾理和紀念館。一年一度的造訪，總是迎接滿畝的陽光，只有這一季遇到驟降的暴雨。

坐在紀念館，隔窗凝望雨簾，恍惚中感覺那是舞台巨幕已然啓開，一齣歷史劇正在上演。震耳欲聾的雨聲，回響著定音鼓那般敲起的閃電雷聲，故事已到達高潮。悲劇漸近尾聲，卻又重啓另一場悲劇。一九四六年從北京回到美濃的鍾理和，想必就是懷抱這種悲愴的心情。

鍾理和最初進入我的閱讀，是在一九七〇年代。那時我正沉浸在現代詩的句型與語法，頗爲著迷斷裂的詩行以及跳躍的意象。沒有邏輯的語言，不近情理的結構，反而爲我帶來無窮的想像，就在那樣不切實際的耽溺階段，突然捧讀出版不久的《鍾理和短篇小說集》，在感覺上產生極大的衝擊。我非常不能適應那種撲面襲來的質樸氣息，全然不同於現代主義的乖離多變。翻開書頁之初，我應該坦白說，實在很難對那種平淡風格發生感動。我甚至提醒自己，如果日後能夠書寫小說，千萬別寫得像鍾理和那般淒苦。小說中描述生活的貧窮與困窘，確實使我感到驚嚇，簡直不敢相信人間的境遇竟會不堪一至於此。我從未覺悟，那原就是台灣社會現實的一個鑑照，也是台灣歷史事實的一個紀錄。初讀鍾理和，我對這位作家的生命可說是處於無知狀態。

一九四〇年鍾理和攝於東北奉天。

在現代與寫實之間的審美觀念開始產生掙扎，無非是受到一九七〇年代政治動盪的衝擊。我的精神史在這段時期有了不尋常的迴轉，我的知識論也跟著起了大震動。那時我的意志還非常軟弱，落筆干涉政治的姿態尚且猶豫不定。然而，這並不意味我對整個時局感到遲鈍麻木。大約在一九七二年左右，我的政治意識悠悠醒轉過來的時刻，台灣在國際社會已呈孤立狀態。從釣魚台運動的漲潮開始，我不能不注意激盪的政治形勢。尤其是退出聯合國與上海公報的消息接踵傳來，寫詩的心情終於不再平靜。

一首詩能燒起多少希望？一個意象能克服多少挫折？我對現代主義的質疑，便是始於這些瑣碎的問題。審美觀念逐漸向寫實主義傾斜時，我的政治觸鬚變得尤其敏銳。在內心我暗自提出甚至使自己感到顫慄的問題：如果代表中國的神話已經破滅，台灣又是什麼？這樣的提問不斷進駐我的思考時，幼年以來所接受的歷史教養與知識啟蒙便已出現了破綻。被我監禁在思考之外的台灣，從來沒有這樣清晰地浮現。鄉土文學開始發生騷動之際，也適時開啟我全新的文學閱讀。鍾理和小說就在這樣的時刻對我產生意義。那冊短篇小說集又從書架上取出，我仔細讀過一次。

猶記得在歲末時分，專注讀完鍾理和的〈貧賤夫妻〉時，有一種入骨的痛深深刺在我的胸口。寒天裡擁被閱讀，卻感到無比冰涼。我見證了人性的尊嚴，也看到生命的卑微。它寫出了五〇年代台灣農村的荒涼，大概沒有一位作家能夠像鍾理和那樣，把社會底層的求生圖像描繪得極其逼眞而又令人悸動。如此震撼的小說竟然不是虛構，那是以痛苦的生活換取的故事。對這位受到忽視的作家，我不能不以鄭重態度投入再閱讀。也是在那段時期，我看到唐文標的一篇評論〈來喜愛鍾理和〉發表於《文季》。這位在當時被稱爲「大俠」的批評家，掀起了一場前所未有的新詩論戰。唐文標的許多詩觀我未必同意，然而這位來自香港的數學家竟然比我還熟悉鍾理和，使我不免覺得羞慚。

那是預告我轉向的年代，從古代中國過渡到當代台灣，從現代主義偏向寫實主義，似乎已出現一些跡象。閱讀鍾理和其實是一個印證，他攜我回到南島台灣，回到樸實農村，回到荒煙的五〇年代。他的小說自有一種潛在的批判力道，無需訴諸口號，也無需揮舞旗幟，我自然被他說故事的方式說服了。我後來才知道，他可能是那時代台籍作家中使用白話文書寫最好的一位。他的同輩作家還在日語轉換中文的過程承受極度煎熬時，鍾理和已經能夠從容寫出流利的白話小說。他背後的歷史淵源，以及曲折的心路歷程，都成爲我日後生命的重要關切。那時，我已遠離台灣，遠離青春，遠離早年的信仰。

2.

我生也晚，未能趕上鍾理和的時代。然而，他在我文學生涯中具有高度的暗示，則不必懷疑。所謂暗示，當然寓有微妙的政治意涵。即使到今天，我的思考與信仰仍然還是與鍾理和維繫一絲迂迴的對話。張良澤費心編輯的《鍾理和全集》，迢迢千里寄到西雅圖時，已值一九七七年鄉土文學論戰的前夕。《全集》共有八冊，攤開放在書桌時，我無法

青年時期的鍾理和。

鍾台妹女士。攝於一九四〇年。

掩飾自己的感動。台灣作家終於能夠以全集的面貌重見天日，似乎意味著文學發展也到了需要鄭重回顧評價的時刻。我讓這部全集鎮坐在桌上，爲的是方便隨時取閱。

做爲論戰的缺席者，我唯一的實踐，便是大量閱讀台灣文學作品。從戰火正熾的歷史現場抽離出來，反而可以清楚辨認不同陣營的發言位置。我已意識到，論戰的層次已不只停留在文學詮釋權的爭奪，還牽涉到史觀的建構與信仰立場的對決。知識分子耽溺於論戰時，往往過於迷信書籍與理論，棄眞正的現實於不顧。我也發現，論戰中的左翼陣營較居上風。但是，當現代主義被妖魔化成爲帝國主義的亞流時，論戰的方向已開始注入強烈的政治意義。我終於覺悟，那是一場不容易介入的論戰。對我而言，現代主義如果是西方文化勢力的擴張，則馬克思主義的傳播更是有過之而無不及。

隔岸觀火之際，我第一次較爲全面地理解鍾理和的文學精神。閱讀他的小說與日記，我訝然發現他的文學生涯竟然與魯迅思想有著千絲萬縷的關係。我更發現，鍾理和的中國經驗竟是一條通往祖國幻滅的道路。在文字落筆之處，不時可以察覺他內心的衝突、矛盾、摩擦、困惑。這項發現，使我沉入艱難的思索。魯迅是中國作家，鍾理和既然對他如此著迷，何至於會對中國認同產生動搖。對我來說，鍾理和思考中的天人交戰，比起遠在台灣鄉土文學論戰的空談理論還來得眞切。這時我也有了新的體認，台灣文學終究不是一門容易的學問。產生台灣文學的歷史條件，不能率爾使用中國史觀來解釋。台灣是一個殖民地的事實，是貼近鍾理和文學時不可須臾或忘的。

長年習以爲常的思維方式，由於鍾理和的作品的介入，開始釀造我從未發生過的騷動。至少有兩個議題迫使我必須追索，一個是魯迅文學的閱讀，一個是台灣作家的認同。這兩個問題，對我都近乎雷霆萬鈞。

先從魯迅說起。鍾理和文學提醒我，殖民地台灣的作家有不少人讀過魯迅。這完全推翻了我稍早的假設。我始終認爲，台灣新文學運動與中國五四運動是毫不相涉的。我傾向那樣的推論，主要是爲了迎合我當時正在萌芽的政治信仰。我迷信的是，台灣新文學是獨立自主地發展，全然沒有受到五四的影響。閱讀鍾理和之後，使我不能不修正先前的不成熟見解。這對我是很重要的教育。我清楚認識文學藝術從來就不是凝滯不動的，而是會透過明顯的或隱晦的管道，進行細緻傳播的擴散。台灣作家的遷徙流動、旅行移居，絕對不可能沒有機會接觸五四文學；即使日治時期的台灣沒有與中國直接往來，但是文學藝術本身也會旅行的，至少可以迂迴透過日本而嫁接到台灣。我相信台灣文學有其自主性，然而所謂自主，絕對不能等同封閉或鎖國。鍾理和的思想那麼開放，豈能自囚於孤立的牢籠世界。

鍾理和領導我去閱讀魯迅。我越來越能體會魯迅這位偉大作家，不但屬於中國，也屬於台灣，更屬於全世界。在海外反覆咀嚼魯迅的批判與審美時，從來沒有預見三十年後，我竟會在大學校園開授「台灣魯迅學」的課程。這門課在於探索魯迅文學在中國、台灣、日本、韓國、香港、美國是如何生產繁複而歧異的詮釋。多少年前鍾理和爲我的知識做了不經意的點撥，經過時間空間的長程旅行之後，那微妙的啓示正逐漸啓開一個龐大的學術工程。

尊奉魯迅文學的鍾理和，終於會發生中國認同的動搖，其實並不是一個太難理解的問題。他旅居北京時寫下的小說〈夾竹桃〉，以一個大雜院來隱喻當時的中國社會。鍾理和筆下的中國人與魯迅雜文中需要改造國民性的中國人，有某種內在的相互呼應。他與魯迅一樣，對於自己所見證的腐化、墮落、自私的中國社會感到徹底幻滅。他更是學習魯迅，

希望中國能夠覺醒，有尊嚴的重新站起來。魯迅對中國這樣的人種，帶有相當深刻的憎恨。這種負面的情緒，在鍾理和小說中並未有如此強烈。但是，鍾理和畢竟不能與魯迅等同起來，他們各自的歷史條件與現實經驗完全屬於不同的層次。

魯迅絕對不能理解殖民地歷史的苦澀滋味，自然也就無從體會殖民地作家的苦悶心情。鍾理和思考台灣社會的命運不能只是訴諸國民性的改造，對台灣人來說那是過於奢侈的語言。其中最大的困境非常明顯，鍾理和受日本統治，但他不是日本人；他認同中國，卻也不是中國人。這樣的困境，充分表達於鍾理和在一九四五年的〈白薯的悲哀〉。這篇發表於北京的散文，點出戰後台灣人身分的兩難。日本人投降了，卻沒有一個政府能夠注意到台灣人的存在。

在鍾理和的時代，殖民地的傷痕是不能克服的。不僅不能克服，傷口反而因爲日本的瓦解加深加劇。一九四六年，鍾理和以最辛苦的方式回到台灣，無法抑制地寫一篇近乎憤怒的文字〈祖國歸來〉：「在……壓迫與威脅之下，於是，台灣人便不能不離開住慣了的祖國，逃回台灣。」戰後受盡歧視、汙辱的鍾理和發出更爲深沉的抗議：「難道台灣人五十一年奴才之苦，還不夠嗎？難道台灣人都個個犯著彌天大罪，應該誅及九族的嗎？」

我以著傷痛細讀這些文字時，才知道歷史上的台灣人從來沒有獲得眞正的解放。魯迅的文字再如何犀利，卻無法拯救萬丈深淵的台灣人。鍾理和無論多麼尊崇魯迅，也會知道這位文學導師有其歷史的侷限。如果魯迅也有過與鍾理和相同的殖民地經驗，想必也會發出同樣的喟嘆與絕望。

3.

我的知識歷程非常複雜而可疑，不過，在建造歷史觀與世界觀時，台灣作家的文學精神協助我形塑了一些感覺與見解。鍾理和是其中最爲特殊的一位，因爲我從未有機會親炙他的語言與心靈。他在一九六〇年去世時，我還是一位初中學生。他帶來的文學啓蒙，途徑特別奇異而曲折。我並不因爲沒有見過他，就失去受教的機會。他靜態的文字，爲我創造了生動的歷史想像。這是可以理解的，鍾理和生前也從未親自接觸魯迅，通過思想的傳播與跳接，他們兩人的精神卻有了奧祕的連繫。

我偏愛他的文學，完全是出自對他文字的迷戀，一如我對呂赫若那般。在日治時期的作家行列裡，他與呂赫若應該是同一世代。鍾理和能夠操練上乘的白話文，呂赫若則能使用純熟的日語。鍾理和徙居北京時，呂赫若卻有東京之旅。兩人的歷史軌跡從未交會，但是到了戰後，竟然對他們共同的時代表達強烈的批判。我常以著淒涼的心情回望戰後初期的知識分子，對他們以不同的身世承擔相同的歷史命運，有著無法言語的感傷。

如果鍾理和沒有生病，大概也會走上呂赫若式的道路，參加激進的、革命的政治運動。疾病挽留了他，阻止他參與革命。他健康的弟弟鍾和鳴，則主動選擇投入歷史洪流，竟在一九五一年被槍決。同一個時候，呂赫若也參加左翼運動而死於鹿窟事件。壯烈的青春，染紅了鍾理和的心靈世界。沒有倒下的他，繼續撐起筆，猶如擎天的火把，探照戰後五〇年代淒楚的農村生活。

善良的鍾理和，對自己的故鄉美濃抱持情人般的迷戀。有不少文學家似乎已經公認，鍾理和書寫美濃，是受到魯迅〈故鄉〉的影響。我認爲這並不確切。故鄉的主題，一直是二十世紀知識分子接受現代化洗禮之後的共同想像。對故鄉的追憶，魯迅立下最早的典範，爲後來的知識分子明示一種回家的方式。鍾理和誠然受到啓發，他的文字則又揭示另一種望鄉的視角，全然迥異於魯迅筆法。

每當春夏之交我造訪美濃時，益加能印證鍾理和與魯迅之間的差異。對魯迅來說，他無法忘懷故鄉的黯淡與死寂，無法釋懷童年舊友的閉塞與戇厚。鍾理和則是以明亮的色調彩繪他的故鄉。他的長篇小說《笠山農場》，便是以著明快的文字抓住美濃的生命力。

進入小鎮時，我可見到兩排行道樹張臂迎接，那是典型的鍾理和風景。他的小說便是如此傳神地留下同樣的景象：「春已在這些樹林中間，在淒黃的老葉間，又一度偷偷地刷上了油然的新綠，使得這些長在得天獨厚的南天之下的樹木，蓬勃而倔強又多上了旺盛的生命之火，彷彿懵然不知自然界循環交替的法則一般。」當他這樣下筆時，幾乎是要把內心的喜悅傳頌出來。而我確知，魯迅是不可能寫出如此雕琢的文字，他不可能看故鄉明亮的一面。

我攜著同樣的喜悅到達鍾理和紀念館，鍾鐵民兄適時站在庭前等候。每年這時節是我與他重聚的時刻，他的樂觀與自信，有著鍾理和小說中的農民氣質。鍾理和生前遺言必須毀掉所有的手稿，因爲他已嚐盡生爲作家的痛苦，不忍自己的孩子繼續那種折磨。鐵民違背他父親的意志，不僅完整保存父親的手稿，自己還成爲一位傑出的小說家。沒有那些手稿，就沒有今天那謙遜卻受人尊敬的鍾理和紀念館。

玻璃櫃裡展示鍾理和的筆跡，清麗娟秀。即使他在稿紙上刪了又改，仍無損於字跡的整齊輕盈。我可想像那年他挑燈振筆的姿態，背對黑暗的時代，背對沉重的歷史，他篤定建造一個不可輕侮的文學世界。破碎的生活折損了他的身體，卻未能磨鈍他的筆。俯身細察他的字跡，是那樣莊重從容，實現諾言那般，讓殘酷的現實轉化成動人的故事。他鏤刻的每一個字句，都是歷史的證詞，一滴血一滴淚地綻放在無人察覺的暗處。鍾理和的名字終於沒有被醜惡的政治淹沒，他拉開戰後文學的巨幕。

離開美濃時，暴雨驟歇，我憶起初讀鍾理和的情景。從來不曾預知他對我的啓蒙與暗示，會發生如此長遠的影響。他留下來的知識典範，協助我以著開放的態度詮釋台灣文學。遠望笠山農場方向的一脈青山，水霧裊繞，我確信，鍾理和的美麗靈魂就在那裡。

《聯合文學》二〇〇七年八月號

鍾理和紀念館一角。（攝影／林盟山）

鍾理和之子鍾鐵民攝於鍾理和紀念館。（攝影／林盟山）

攝影／關耀輝

負傷的旅行

1.

我們生來就注定要旅行，投入星辰不明的天涯，流落在失去方位的夜宿。歷史從未善待我們，孤寂不時造訪多疑的心靈，荒涼也毫不倦怠地佔領脆弱的情感。但是，我們並不放棄。漂泊在陌生水域之際，有一種敏銳的直覺引導我們如何回望。縱然帶著創傷，也伴隨沿途的倉皇，總會有神祕的啓示俯臨，明白告訴我們台灣的位置。當我說我們，指的就是林惺嶽與我。

一九八九年六月，整個世界都被遺棄在前所未有的震撼。北京天安門事件激起的波濤，海嘯般襲擊每一個不及設防的海岸。正是在那騷動不安的月份，我提著無夢的行囊，回到十五年未見的台灣。戒嚴已除，威權猶在，我懷抱不確定的心情迎接據說已是解放的家國。開啓又立即關閉的歷史發生在海峽對岸，當然也有可能發生在嚐盡欺罔滋味的台

林惺嶽

灣。落居在城市燈光最爲明亮的地方，我的心房其實是黑暗的。借宿在摯友陳永興的住宅，瞭望曾經是沉淪卻又行將崛起的台北，我內心焚燒的情緒傳出一股焦味。手持一份僅被核准返台一個月的護照；興起既像故鄉又像異鄉的陌生感。那種傷痛在體內咬噬得難以抵擋之餘，我第一次與林惺嶽相逢。

在希望與虛妄交錯的那個城市，林惺嶽的畫風已經歷了幾次轉折。記憶裡，他早期的作品塗滿冰涼且荒蕪的色彩。遠在大學時期，我就已窺見過他的超現實追求。我在六〇年代走上文學的道路時，正是耽溺在現代主義的美學，隱約可以與林惺嶽的畫相互映照。我對繪畫從來就不甚了了，卻在六〇年代末期特別偏愛他的風格。那也許是帶有一種無政府的情調，又兼具一種不正確的格調，正好符合我青春叛逆的脾性。在現代風潮中成長起來的青年如我，既沒有膽量干涉政治，也沒有空間奢談流浪。他冷酷且孤僻的本色，似乎也精準繪出我那世代文藝青年的內心風景。從未謀識的林惺嶽，在我的年輕靈魂烙下悸動、顫慄的印象：到處都是黑色的、削瘦的魚骸，懸掛在藍色的樹，綠色的天，暗紅的夢。淒迷的光線傾瀉在詭譎的蒼白枯枝，那是無法掩飾的情感，一如我們共同的時代，說有多冷就有多冷。

在海外飄盪浮游時，他留給我的殘酷意象久久揮之不去。經過二十年的迴旋流轉，我才遇到畫家本人。相逢時，兩人已都絕決地埋葬了青春記憶，但驚異地相互發現，彼此的叛逆意志卻越燒越旺。他非常清楚我是如何走上反叛的道路。我捲入海外政治運動的故事，他早已耳聞。凡是經歷過那個找不到思想出口的抑鬱年代，每位知識分子在嚐到流亡的滋味之前，精神上早已被放逐到遙遠的地方，一個名爲中國卻又從不存在的烏有之鄉。只有眞正體會反叛意義的人，才會理解林惺嶽爲什麼會在六〇年代以著失溫的情感描繪那個時代。在他的畫裡，可以看見他荒涼的生命。失怙的貧困童年，無家的成長歷程，都化成魚骸、白骨、枯木的象徵。然而，我更傾向於相信，完成於苦悶年代的作品應該還隱藏著更爲深沉的政治無意識。

林惺嶽不是自甘囚禁的創作者，他和許多追求解放的藝術家企圖摒棄加諸心靈的枷鎖。台灣社會在一九七〇年代有了關鍵性的突變，這是因爲以中國自命的威權體制終於在國內、在國際被迫裸裎眞貌。時代的缺口開啓時，他在國內，我在海外，並沒有感到喜悅，反而覺得有一種看不見的悲傷在空氣中浮動。必須過了中年之後，歷史才給了我們可以追求自我的時刻，追求一個完全沒有禁錮、沒有壓抑的想像。我們都興起了來日無多的遲到感。回歸台灣，是我們共同的方向。我們無需再依賴象徵、隱喻、暗示、影射來遮蔽自己的欲望與記憶。幽閉的現代主義，對我們來說，都漸漸轉化成爲明朗的本土精神。我見證了自西班牙遊學返台的林惺嶽，果敢地涉入了改寫歷史的漩渦。

他磅礴的文字隨著雜誌寄到我手上時，讓我鮮明地感受到一種歷史重量，預告整個海島的航行正在改變它的方位。雖然不清楚他的畫風是如何轉變，我已可推知他內心的掙扎。那些殘酷的意象：鐵鏽暗色的腐蝕畫風、纏繞糾結的蒼白樹林、冷酷異境的深灰祭壇，想必已經從他的審美經驗中如風景那般撤退。與他相逢時，他的風格已完全脫離荒涼的死亡氣息。帶著喜悅，他告訴我許多流浪與回歸的故事。把城市的喧嘩噪音關在窗外，我寧靜地傾聽他經歷重大轉折之後的全新生命。我終於有了體悟，我們並沒有遲到，而且也無需感到悲傷。做爲藝術美學的朝香客，我們適時地隨著歷史的迴旋而有了思想大轉彎；既沒有落後，也沒有遲到，反而是非常準時。

充滿死亡幽靈的年代，都在我們的思維轉向之際正式宣告死亡。林惺嶽邀請我去他的畫室，座落在城市靜謐長巷的工作坊。夏日比巷子還要長，卻以一幅巨大的山巒迎接我。站在畫前，近看，遠看，有一種涼意拂面而來。屬於亞熱帶的綠色與藍色，覆蓋層疊起伏的青山，縱然是在薄暮時分，海島生命力卻眞實地躍然於寬闊的畫面。這是我第一次看到林惺嶽風格改變以後的作品，全然迥異於一九六〇年代的閉鎖與自虐。他以飽滿顏色繪出台灣的青翠山河，蒼鬱而多情，美得令人心碎。無需任何語言就足夠說服我，林惺嶽往昔的絕望與絕情，終於被他棄擲在不見天日的歷史幽谷。他畢竟走出來了，伴隨奇異的光走出來，讓我在畫中見證希望，救贖，以及抵擋不住的爆發力。

2.

那是値得記取的夏天。對他，對我，都已感受到未曾有過的許諾就要到來。林惺嶽並不等待，他寧可創造。一九八〇年代解嚴前後，他決心以巨幅的系列畫作詮釋台灣。歷史上被壓抑、被忽視的台灣，以著壯闊的景象浮現。我相信如此龐大的創造自有其一定的策略，幾乎是在強迫觀看者的眼睛不能逃避台灣的存在。被迫站在台灣的面前，必然過目不忘，而且還會再看一眼。

坐在他的畫室，我知道不能爲自己的流浪找到任何藉口繼續逃避。我甚至也不必擔心歷史的閘門是不是會再度關閉。倘若我懼於創造，如何可能期待自己改寫歷史。創造的每一個時刻，便是已在改寫。林惺嶽寂寞地俯臨畫板，選擇恰當的顏色蘸筆於空白的畫布時，新的歷史解釋就在那一刻發生。沒有創造，當然不可能建構新的視野，當然也不能累積新的歷史意識。他的作品不斷傳遞信息給我，台灣正處在時間的可疑交會點，那樣的時機稍縱即逝。時間可以等待，時機卻必須把握。我在縱橫阡陌的色彩深處，讀出他內心的焦慮。荒蕪的歷史記憶，已經到達需要重新挖掘的時候。被邀請去他畫室的那個夏日，我適時目睹了林惺嶽毅然再出發的姿態與架勢。

我常這樣想，他的作品若是誕生在繁華盛世，畫中所承載的歷史意識可能會受到遮蔽。但是，站在一九八〇年代社會轉型的分合路口，他擘建的藝術工程便饒富不尋常的歷史意涵。被遺忘、被出賣的台灣，又重新在他的畫中拾回應該得到的尊敬。以雄渾的畫筆干涉創傷的歷史，自有一種批判的力道散發出來。以任何流派理論來定義他的風格，其實都不盡恰當。他迫切的藝術追求，是如何把失去聲音，失去顏色，失去氣味的台灣風貌尋找回來。他感到苦惱的是，歷史記憶遭到抽樑換柱之後，有沒有可能重新建構？

在他的畫室窗外，是綠蔭蔽地的長巷，當也可以遙聞坊間知識分子的一種聲音，性急地宣告後現代已然到來。抱著疲憊的軀體回鄉，最初聽到後現代這個名詞時，我頗爲錯愕，總覺得歷史發展竟是變得如此離奇而可疑。威權主義退場，資本主義進場，對於初獲解放的心靈都是前所未有的衝擊。現代化工程還未完成，全球化浪潮就已席捲而來。一夜之間，我聽到許多奢侈的流行語言：主體消亡，作者之死，解構歷史，顛覆主流，性別越界。沒有多少人敢於面對歷史的創傷，更不樂於追求記憶的重建。台灣文化主體明明有過很長的流亡，現在卻有人毫不遲疑宣佈主體的消亡。從來沒有一個時期的歷史記憶，是如此膚淺、單薄、脆弱。在殖民時期、戒嚴時期，知識分子可能沒有歷史撰寫權與解釋權，但至少還知道捍衛自己的記憶。反而是在開放的年代，歷史發言權復歸的時刻，知識分子對自己的記憶竟是自動繳械投降，甚至那樣徹底乾脆。造神運動曾經統治過我們的歷史，現在則是迎來諸神凌虐我們的記憶，有些甚至還是屬於惡靈。

我有強烈的文化危機感與廢墟感，彷彿看見傾塌的歷史建築散落在亂石纍纍的曠野。現在的思想荒蕪較諸過去的歷史荒涼，還更令人感到心痛。我與林惺嶽開啓往後十餘年的對話，應該是源自共同的迫切心情。那個夏天被迫離開台灣，從機艙窗口對海島青山投以遙遠的回眸時，我就知道自己終將回來。帶著我被查禁的兩冊政論與一冊文集遠航時，有一種被驅逐出境的羞辱。但是，我已下定決心，縱然戒嚴解除，威權猶在，沒有什麼再能阻擋我返鄉的意志。

從來沒有一種放逐者的回歸是愉快的，就像鮭魚溯流而上，必須穿越惡水的沖刷與巨石的阻撓。如果沿路血跡沒有讓我仆倒，躍上回鄉的路程之後我就可獲得生機。又過三年，我終於回到世紀末的台灣。與林惺嶽重逢時，他建造的美術史觀與繪畫工程正接近顛峰階段。他的爆發力，完全來自生命的內在燃燒，根本無需外求各種理論風尚。藝術的誕生，是他歷史意識的延續。當我看到在九〇年代末期他渲染而成的作品〈歸鄉〉，隱隱約約覺悟了那其實是在與我的散文〈鮭魚返鄉〉對話。

畫中的激流是北美的巨河，奮勇泅游而上的鮭魚是回溯加拿大原鄉的傲慢生物。然而，當我注視那龐沛翻滾的水勢時，強烈體會到天地之不仁，歷史之無情。我聽到震耳欲聾的激流巨響，重複傳述同樣的返鄉故事。竄流的惡水何其難擋，我見證著無數匍匐又飛躍的鮭魚逆勢而上。林惺嶽刻意聚焦在魚躍的多種身姿，那是生命的變奏，每尾鮭魚都選擇自己的方式去試探沖激的力量。江河滔滔是台灣歷史的隱喻，多少望鄉的生命葬身於冰涼陌生的水域，卻反而更強悍地塑造了未嘗稍歇的返鄉意志。傲岸的氣魄，是他畫筆之下呈現的大時代。以感激又感動的心情投入他的畫裡，我就是不甘被淹沒的一尾鮭魚。即使不諳水性，我畢竟是逆著歷史洪流成功回到台灣，只因我也是傲慢一如北美水域的鮭魚。

3.

史詩型的語言，啓開九〇年代以後林惺嶽的美學思維。從東海岸系列到濁水溪系列，都維持著近乎大敘述的結構。然而，他的龐大語言卻是從最細微的局部營造起來。他從來不去觸探與生命經驗毫不相涉的

林惺嶽畫作〈歸鄉〉

主題。企圖要在他的畫風裡找到流行的後現代風尚，注定是徒勞。顏色，意象，構圖只是傳達語言的媒材，眞正的說話者是他自己的生命。

旅行到濁水溪，在乾涸季節他守候著靜默的巨大卵石，在山洪季節他專注凝視沛然莫之能禦的激流。海島可能是渺小的，卻湧動著憤怒與幽靜的生命。當其憤怒，魚龍俱寂；當其幽靜，巨石發光。我想像自己坐在畫中的水邊頑石，那應該是春雨之後，夏洪之前。每一顆神奇的石頭都帶著非凡的色彩，像是獨立的生命呼吸各自的空氣，又像是群居的聚落議論著水溫與氣溫。細膩的筆觸落在各個石頭的容顏，既有表情，又具感情，都爭著讓各自最好看的身段投影在禁不起微風的水波。我忍不住站起，往後撤退，瞭望寂寞的濁水溪流域。這條河流，親眼見到台灣死過千百次又復活千百次，必然負載過重的哀樂記憶。我不驚動任何一隻頑石，躡步又走近河岸，定定望著水影與山影交會的盡頭，也許有太多動人的故事都從那裡發源。我流浪歸來，心靈的受傷與受害都在此刻得到洗濯。無論是遺忘它，或遠離它，濁水溪仍然柔情似水，寬宏地接納我這樣的浪子。暮色覆蓋下來，以著一首抒情詩的速度覆蓋下來，不意驚覺一滴熱燙的淚不容爭辯地嚙在我的眼角。

凡是入畫的風景，都是善良的。林惺嶽在跨過五十歲以後，便決心與時間競賽。進入思想最成熟的階段，技藝也接近最純熟的境界，他不再退卻。每天清晨整個城市還沉睡在昨天的時間，他已經起床推門，走上通往畫室的道路。市聲寂寂，他只聽到自己的腳步。

長時間以站立的姿態作畫，已經毀壞他的肩頭與腳踝，他從未放棄。動過手術之後又繼續投入無窮的追求。有一次他生氣地說：「我從不相信什麼三分天才七分努力。」詫異之間，我看見林惺嶽瞪著眼睛說：「沒有努力就沒有天才。」他不能停頓，不是爲了證明自己是天才，他要把美好的、自信的、驕傲的，從廢墟中建立起來。

然而，入畫的過程卻是痛苦。看到雄偉的濁水溪洪流時，我內心不禁擊節讚嘆。後來才知道，他畫出的每一道水流，每一條波潮，都要耗費好幾天的時間。像天譴那般，他被罰站在空白的畫布前面。構思，調色，上彩的節奏是如此緩慢，耐心地要把藝術的魂魄呼喚出來。即使整天一無所成，他還是站在那裡。虔誠且專注向著碑石般的畫布注目膜拜之際，那是天地間最孤獨的時刻。他把自己禁閉在畫室裡，喧譁的紅塵全然緊鎖在咫尺之

外。全新的藝術生命總是選擇在孤獨的峰頂誕生，那裡沒有相濡的情感，也沒有取暖的靈魂。他以一顆寧靜的心，撐起一支憤怒的筆。時間加速消逝，生命垂直下墜，身體不停敗壞，只爲了換取一個不毀不碎的夢。

今年四月的一個晚上，春雨綿綿，下得非常悽慘。他又邀我到那自囚的畫室，進門時，立即撞見一座悲壯的林木。並肩站在畫前，他說：「這是森林紀念碑。」崢嶸卻呈枯萎的枝幹，糾集群立並列排在祭壇之上；樹前是疊疊升高的石階，肅穆而冰冷。每一隻斷柯，瘦骨嶙峋，猶似向天空求救的手臂。死神降臨的氣息尤其濃厚，使人不寒而慄。進入憤怒老年的畫家，往往以蓬勃的生命力來描繪台灣，很久以來已不輕易干涉死亡。從淡褐到暗褐的顏色，譜成一支沉鬱的輓歌，群木低聲合唱。一股莫名的悲慟竄起我的血脈，彷彿也加入合唱的行列。

這是我看到最具歷史意識的畫作，放在林惺嶽的藝術生涯裡，恐怕也是最具批判精神。它使我聯想到他早年完成的一幅《教堂》。蒼白腐蝕的枯木，遮蔽著若隱若現的教堂。同樣是石階引導而上，死木的樹林並列站在祭壇之上。如果把兩幅畫並置對照，意象與精神何其近似。但是，兩幅畫作表達的語言卻截然不同。《教堂》在於呈現個人內心的荒涼，那是因爲在一九六〇年代畫家看不到靈魂的井口，神祇眷顧的教堂竟然受到死亡氣息的籠罩，自瀆的意義遠遠高過自贖。在二十一世紀初期完成的《森林紀念碑》，描繪的卻是時代的荒涼。

幽禁在牢房的林惺嶽，孤獨卻不孤立。他的心靈仍然敏銳傾聽外面那混亂的世界。已經遠離威權的台灣，已經得到解放的歷史，並沒有想像中那樣輝煌。政治權力已經發生更迭，但是腐敗的文化並沒有刷新。蒼鬱的山林，進駐在八〇年代至九〇年代的林惺嶽作品，迎接一個熾熱燃燒的許諾年代。幾乎只要有夢，就可兌換成眞正的願望。當他目睹世紀初的當權者開始墮落時，每一個願望都可以翻譯成噩夢。就像遭到濫砍濫伐的森林，台灣歷史又進入另一個幻滅的階段。命運的反覆，對他的藝術追求無疑構成巨大的嘲弄。巍峨的森林紀念碑矗立在祭壇上，內心的悲悼已不是任何輓歌能夠概括。

我們注定必須繼續遠行，漫長的時間之旅，還未引導我們到達眞正的台灣。在悲歡交替的世紀，我們都入垂暮的華髮之年，竟然在望鄉的盛年之後還在望鄉。兩人的美學思維並不一樣，他依賴繪畫，我訴諸文字。追求歷史答案的方式也不全然相同。在旅行中，我們都很清楚，沒有任何理由可以放棄。就像濁水溪的巨石，默默坐在那裡，怒河的沖刷，靜水的洗濯，始終維持著孤傲的坐姿，與時間相偕俱老。

攝影／許鴻潮

秋葉赴約而來

1.

讀詩在北國的楓樹下，也讀著藍空下秋涼釀造的寂寥。在異鄉的八〇年代末期，我又取出塵封在紙箱的詩集。一冊一冊羅列在書架上，每冊詩集彷彿是我不同時期的生命紀念碑，散發著落寞卻充滿記憶的色澤。為了轉換心情，為了洗滌涉入政治運動之後的疲倦，我決定回到詩，回到既苦惱又喜悅的詩行細細咀嚼。秋光鑑照捧在手上的詩集，封面殘留墨痕，紙頁已呈暗黃；與其說那是時間的足跡，倒不如說是昔日揮汗苦讀的烙印。許多遺忘已久的感覺，因有詩行的逗引而甦醒過來。這冊使我因愛生恨的詩集，正是洛夫的《石室之死亡》。

因愛生恨，是我年輕時對這冊詩集所懷的情感。由於看不懂，洛夫詩集竟然糾纏我二十歲年代的青春又深又久。年少時的看不懂，有一種被迫關在門外的感覺。明明知道門內

洛夫（攝影／陳文發）

必有另一番風景，只是反覆遊走牆外，卻始終不得窺見堂奧。廢然攜帶這冊詩集一起遠行時，心存一絲絕望，猜測自己不可能再有入門探訪的機會。所有隨身的詩集，與我共同度過無數荒蕪的日夜，但彼此並未有任何對話。明日又是天涯的旅路，無窮無盡，終於沒有允許我擁有從容讀詩的時光。洛夫的詩又回到我的閱讀時，一段稀罕的政治生涯才正要結束。

秋風吹得很高，落葉飄下卻不急不徐。我的眼睛落在詩集的第一行：「只偶然昂首向鄰居的甬道我便怔住」。一張由紅轉褐的楓葉適時落在腳踝旁邊，我也不禁怔住。這是我曾經熟悉的句子，是蒼白年華不時低誦的詩行。那時不全然能夠理解詩集的意義，唯於朦朧之間特別著迷一種無法明說的韻味。時間過了這麼久之後，我又旅行那麼遙遠，一旦與詩集再度對話，陌生與失落竟同時直抵心房。年輕時候看不懂的詩，在北國早秋的悲涼空氣裡，突然一下子就明白了。彷彿是錯過美好的事物，我從第一行讀至最後一行，詩中的美與死印證了我經驗過的漂泊與孤絕。跨過半生旅路，頓悟詩集的奧祕之際，我才知道自己年輕時的孟浪。

美的追尋與死的體悟，誠然是需要年齡的累積才能獲致。洛夫是早熟的詩人，完成《石室之死亡》時還未及四十歲。半生的流離與時代的禁錮，迫使幽囚的靈魂不斷在尋找解放的出口。他使用高度的隱喻，刻畫生命的悲哀，也迂迴對他所處的政治環境提出批判。那種高度，絕對不是我當時貧乏的生命能夠踮腳窺視的。必須等到我經驗了政治啓蒙，也穿越了知識之門的洗禮，更嚐到了浮游失所的滋味；生命在不知不覺中墊起了高度，才足夠使我去理解洛夫的世界。

重讀他的詩時，我也正跨過四十歲。從書架上我抽出洛夫的詩集《魔歌》，《眾荷喧譁》，《時間之傷》，《釀酒的石頭》，那些都是我離開台灣之後才出版。他與余光中同歲，屬龍，同樣對文字敏銳而又敏感。早年讀詩，我選擇了余光中，偏離了洛夫，自然有許多因素爲我決定。我必須承認，洛夫的詩過於冰冷，無法進入我熱情燃燒的青春。他過於冷靜，往往刻意澆熄詩中火燙的激情，或者以壓抑方式使過多的感傷得到隱藏。他在創造時，擅長使意象變得濃縮稠密，那似乎不是一位初入詩壇的年輕人能夠領悟。當時詩人之間流行一種「聯想切斷」的說法，便是詩行與詩行的銜接，並非依賴以尋常的習以爲常的語意邏輯做爲橋段，而是要求讀者必須主動參與詩人的想像，在意象失落的地方恰當敷陳過渡的語言。這種既跳躍又飛躍的創造，也對我年輕的心靈構成障凝。

洛夫的第一冊詩集《靈河》並沒有那樣困難。印刷極其平凡的薄薄詩集，是我在周夢蝶的書架角落不意發現。二十歲那年的夏天，揣著詩集回到我閣樓時，滿心歡喜，徹夜與星子一起細讀。我到海外很久以後，讀過中國三十年代的新詩，才發覺《靈河》的詩風頗近於何其芳，但是更加活潑開放。以我那時審美品味的深度來推測，如果洛夫繼續維

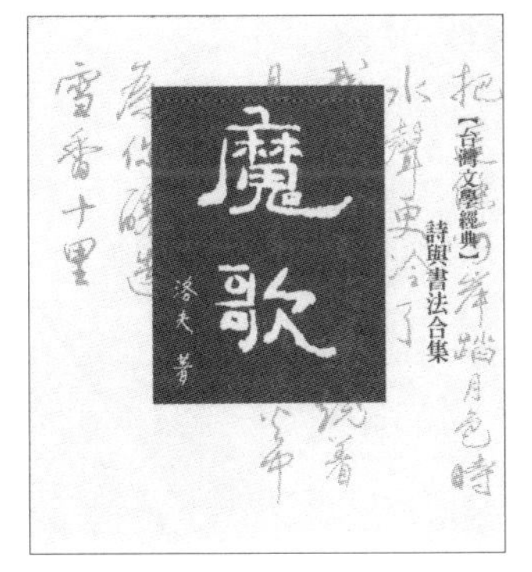

持那種風格，也許我會對他的詩藝追隨不捨。

由熱急劇趨冷，語言亦由透明轉向繁複，洛夫帶給同輩詩人的震撼，至今仍屬一則傳說。整個大學時代，我從未放棄對他的閱讀。一九六八年四月，我在校園所組的社團水晶詩社邀請台北的詩人參加朗誦會，紀弦、羅門、蓉子、洛夫……
……，一時多少豪傑都齊聚在文學院視聽教室。每位詩人都是坐車來的，唯有洛夫是騎著重型機車單槍匹馬赴約。我最初見識了他粗獷豪邁的性格，就是在那次詩朗誦會。記得洛夫那晚誦讀《外外集》其中的〈灰燼之外〉，以著雄性卻稍近沙啞的聲音，他沉沉讀出第一行：「你曾是自己，潔白得不需要任何名字」。我的血液幾乎沸騰起來，因為這幾行詩陪伴我度過多少闇樓的孤獨夜晚。當他讀到最後兩行：「你是傳說中

洛夫與文友合影。右起：方心豫、心岱、魏子雲、洛夫、朱西甯。（《文訊》雜誌提供）

的那半截蠟燭，另一半在灰燼之外」，我內心彷彿貼近了詩的苦澀意志，忽然能夠意會詩人半生的不悔追求。我酷嗜那種心靈的共鳴，比起聆聽貝多芬或莫札特，我更震懾於詩所帶來的顫慄，生命似乎已到達觸電的地步。

朗誦會結束時，洛夫邀我共乘那部重型機車回到台北。疾馳的晚風吹起詩人的黑髮，不時拂過我的面頰。他在回程路上說了許多關於寫詩的故事，至今我都無法記得。唯獨那晚超速的風，曳著月色的黑髮，一如詩的節奏速度，我久久無法忘懷。情緒的激動，使我不能成眠，那首〈灰燼之外〉的自敘詩不斷回到夢中，洛夫的聲音持續地遙遙傳來：

無論誰以一拳石榴的傲慢招惹你
便憤然舉臂，暴力逆汗水而上

2.

在詩藝的追求道路上，終於與洛夫分道揚鑣，發生在我進入研究所之後。一九七〇年冬天龍族詩社成立時，更加速我遠離他的詩風。這當然涉及我當年的心情與詩觀，而更重要的，與整個大環境的變化也脫離不了關係。

詩觀的養成，絕對不是一朝一夕的事情。當外面的世界不再停留於原來的穩定狀態時，我不可能渾然不覺。我與林煥彰、辛牧、蕭蕭、蘇紹連這些朋友組成詩社時，台灣在國際社會已陷入孤立狀態，強烈的危機感使我對詩的態度趨於保守。我可以接受詩的語言革命，也能夠尊重詩人的孤高性格，卻不能忍受詩與時代截然切斷關係。我開始相信詩的實用價值，並且更相信詩人應該具有介入精神。這種詩觀引導我偏離洛夫的詩風；也許不是偏離，而應該說開啓我日後對他的誤解。其實，我對詩的品味在這段時期已發生了問題。

見證了一個危疑時代的到來，我第一次感知到台灣的存在。長年被我監禁在思維之外的土地，從來沒有那麼眞實地催醒我。七〇年代初期，台灣彷彿是遭到詛咒，被歷史徹底遺棄。自己的國家從聯合國的羞辱出走，以及友誼邦國的絕情斷袍，我覺悟到身爲知識分子的無力感。在需要自我救贖的急迫時刻，百無聊賴之際，我不能不求諸於詩，進而開始求全於詩人。我的不幸，便是在那時候勇敢批判洛夫的詩藝。他以隱晦方式道出的時代痛苦，迂迴語言釋出對政治的抵抗，我都輕易錯過，而且一錯就是二十年。

最顯著的犯錯，便是誤解他爲《石室之死亡》所寫的序：「攬鏡自照，我們所見到的不是現代人的影像，而是現代人殘酷的命運，寫詩即是對付這殘酷命運的一種報復手段。」現在回首重讀這段經典式的語言，將它放在戰後台灣的歷史脈絡確實具有強烈的政治意涵。然而，我竟望文生義地把「現代人」草率詮釋爲「現代主義者」。我總以爲，洛夫只不過是在模仿西方的文學思潮，並未深入理解他自己所遭逢的時代悲劇，甚至也未曾理會他的軍旅生活所接觸的死亡經驗。

我的迷信是，詩人應該是寫實主義者，縱然不需像小說家那樣寫實，至少詩的生命不能與現實脫節。當我那樣發言，無需耗費任何本錢。處在危急的時代，所有表達關心現實的語言，自然都能贏得首肯。在龍族詩社的聚會，我常常受到鼓勵，這反而使自己更加得意於發表的詩評。我從未好好省視自己的生命，在寫詩之際，眞的與台灣現實結合得非常密切嗎？我落入自己的詩觀所構築的陷阱，也讓自己的詩評蒙蔽對眞實世界的體認。

龍族詩社在一九七二年到七三年之間，主導了一次罕見的新詩論戰。在論戰中，我主動扮演一名旗手，正好站在洛夫的對立面。我毫無節制地對他發出不敬的語言，卻從未虛心體會他詩藝背後隱藏的傷痛與苦悶。做為戰後成長起來的知識分子，到達能夠從事獨立思考時，卻遇到整個歷史方向發生大轉彎。我自己對詩的實踐並未如洛夫那樣深刻，生活的體驗當然也沒有像他那樣深入；只不過是基於一種讀書人的危機感，遂情不自禁對現代詩有了不近情理的苛責。

以粗暴方式表達自己的憤懣，只能證明自己的思想還未臻成熟，完全無助於藝術的追求。然而，我竟全心投注於批判工作，把洛夫視爲前所未有的假想敵。由於思考的

一九九〇年代初，洛夫參加《文訊》活動時留影。左為瘂弦。（《文訊》雜誌提供）

不成熟，我毫不在乎撰寫詩評時流露的情緒化語言，更不在乎這樣做已經傷害了洛夫與創世紀詩社的情感。尤其在一九七二年編輯《龍族評論專號》時，我已在其他雜誌詩刊發表幾篇長文，正式向洛夫挑戰。稍早的一篇〈鏡中鏡〉，其實是洛夫詩論《詩人之鏡》的讀後感。那篇文字還能保持冷靜的觀察，縱然騷動的情緒已呈難耐之狀。年輕時期如果對一冊專書做過細讀的話，那麼洛夫詩論的閱讀與再閱讀應屬最初的嘗試。據說這篇文字引起洛夫的不滿，我竟暗自心存快意。到今天，我還是頗訝異於當年的浮躁輕佻。

對洛夫產生最大的不滿，莫過於批判他所編選的《中國現代文學大系》詩選部分。耗去我一個星期的那篇長文，多少還是出於自私。看到大系詩選出版時，發現年輕詩人的作品完全被摒除在外，洛夫在大系的序言公開宣告：「三十年內還不至於產生新的一代。」這段話更是在新世紀詩人之間發生了大震動，認爲洛夫有意爲敵。從現在來看，這些問題都過於枝節瑣碎，但是當時年少氣盛，卻是點滴在心頭。三十年已經過去，洛夫的預言不必然準確；不過，懷著義憤我完成了一篇上萬字的評議。

如果時光倒流，我絕對不會同意自己所寫的詩評。我寧可選擇寫出在《龍族詩刊》發表〈余光中研究〉的系列文字，畢竟藝術的建築還是要回到詩本身的創造。所有情緒性的議論全然與審美的追求毫不相干，而我卻把這些文字收入我的第一本書《鏡子和影子》。現在重新閱讀，不免感到羞慚，史料成分遠遠高過藝術價值。

，從創造的生產力來看，洛夫在一九七〇年代，正臻於顛峰階段，就新詩史而言，七〇年代較諸六〇年代還來得可觀。現代主義運動還在發軔之際，許多詩人都還孜孜於技巧的實驗，洛夫如此，余光中如此，楊牧亦復如此。又過十年，現代詩運動漸漸進入豐收時期。余光中的《在冷戰的年代》與《白玉苦瓜》，楊牧的《傳說》與《瓶中稿》，洛夫的《無岸之河》與《魔歌》，使七〇年代詩壇頗有盛唐氣象。

尤其是洛夫在六〇年代的超現實主義實驗，可能引起爭議。但是沒有經過那段時期的嘗試與鍛鑄，他後來是否能夠贏得「詩魔」封號則亦未可知，他的技藝到達《魔歌》時，我不能不爲之發出驚嘆。老氣橫秋的句法，竟挾帶雷霆萬鈞的批判，頗具睥睨之勢。握著他的詩集在深夜孤讀時，我正載浮載沉於海外政治運動。緊張的意識形態，終於沒有蒙蔽我嗜詩的脾性。

坐在洛杉磯的窗口，重新咀嚼詩集中的〈巨石之變〉，頗覺動容。夏日餘溫使我感到鬱熱，但是我覺得詩裡傳遞出來的傲慢反而使我汗流浹背。在詩中，我看到洛夫當年遭到圍剿的情況。我相信，那首詩是他舔拭傷口之後對敵人所做的答覆，我也覺得，他的橫眉姿態有一絲餘光正是投向我。他無聲的冷，倔傲的高，我都能夠接受。他徐徐發出這樣的聲音：

你們把梯子擱在我頭上只欲證實
那邊早就一無所有

他的反襯技法，回答得相當漂亮。詩中的「你們」，自然是指把我也包括在內的批評者。詩中的「我」，則是一座巨大的石雕。對於在他頭上動土的後輩，他彷彿傲視地說，詩藝盡在於此，無需徒勞去尋找更高明的詩人。當我遇到這首詩，已可感受到洛夫骨子裡的調侃與辛辣；而我能夠領受的，則是他的自信與毫不懈怠的自我要求。

3.

過了中年，我又回到北美的早秋。在後院的樹蔭下，我閱讀他在二〇〇一年出版的三千行長詩《漂木》。我以不安的心情，細細閱讀洛夫的七十三歲。目睹他已達霜滿前額的年齡，仍然保持旺盛的生產，我不免感到激動。白髮一似雪地，萬木皆枯，唯獨他擁有蒼勁的氣象。選擇自我漂流到北美水域的洛夫，是我這個世紀最悲傷的詩人。一如詩集的題目，他寫出了生命中最大的流亡。迤邐三千行的詩句，還不足以概括他見證過的歷史漂流，家國漂流，生命漂流。坊間詩評家在意的是他的詩法與句法，在意的是他超現實主義的精神。然而，經過時間的沉澱與情緒的沉澱，他的技藝已臻爐火純青，無需多做議論。反而詩中暗藏的創痛，卻一直受到技巧主義者的遮蔽。有時我不免會猜測，他的孤高，驕傲，自滿都只是姿態，爲的是掩飾他內心深處的悲痛。以放逐來形容他的生命，可能還過於奢侈；我覺得他是受到歷史的遺棄。

他在《時間之傷》的後記說：「寫詩吧！寫詩就是我採取的唯一報復手段。」我總是苦思著他要報復什麼？他的報復絕對不是恨世者的手段，而應該是為了使生命提到更明顯易見的高度。他的世代被遺棄過久了，找不到恰當的傷口相互對話。避秦竟然避到北美，其痛徹心肺的經驗竟至於有不能言者。我還不致於像庸俗的本土論者，必須檢驗他的忠誠。我在他的詩中看到鄉關何處的靈魂四處漂流時，反而覺得那些坊間的政治信仰者，其實很幸運地擁有庶民的幸福。詩人的信仰不可能那麼容易造就，他有他的懷舊病，也有他的烏托邦，卻無法找到自己的歸屬。

我與洛夫之間並沒有任何情誼可以定義。但是，他的詩句在我生命歷程印下鮮明血跡，刻畫著我成長時期追求審美的紀錄。當我能夠到達窺探他的高度時，曾經纏繞我的那些苦惱與困頓，以及在詩行迷宮嚐到的失落滋味，都已經可以兌換成喜悅來接受。他讓我對這個世界看得更為明白，也對自己的生命看得更為高貴。將要到達八十歲的洛夫，竟然向世人宣稱：「只要生命一日猶在，詩火便一日不熄。」當他這樣說時，絕非徒託空言。隱地寄來洛夫最新的詩集《背向大海》，使我再次起了大震動。讀完詩集裡與書名同題的一百四十行長詩，我對洛夫的敬意竟然挾帶著畏懼。被遺棄的詩人，並未自我遺棄。他牢牢擁住自己的生命，燃燒它，炙燙它，讓這個悲傷世界能夠取暖。

秋風習習，落木蕭蕭。遠行的葉子，竟選擇落在我的肩頭，膝蓋，腳踝，似乎是赴約而來。不期然我又憶起洛夫早年的詩句：

假若你是鐘聲
請把回響埋在落葉中
等明年春醒
我將以溶雪的速度奔來

洛夫的時代可能還未到來，鐘聲的回響將在恰當時節以著融雪的速度奔來。在北美秋天，在洛夫詩前，我是一片臉紅的落葉。

《聯合文學》二〇〇七年九月號

埋伏在血液裡

攝影／許鴻潮

1.

到今天血液裡仍埋伏著的叛逆之火，燒完了青春，燒完了中年，剩下的餘燼微溫還可拿來暖和向晚的歲月。

曾經是一位怯懦退縮、優柔寡斷的少年，有一天竟然被鍛造出粗壯的意志，於今想來仍然覺得難以置信。這種轉變當然極其冗長緩慢，但我相信生命裡總有一個起點。每當追問自己的精神轉折時，一九六〇年代的窒悶氣息不覺又回到複雜的記憶，心情頓時又落入灰暗、閉鎖、不快的氛圍。就像里爾克詩裡的那隻豹，焦躁地來回走動，定睛望著柵欄外那可疑的世界。

抑鬱的年代悠長且難耐，僥倖還有一絲稀薄的空氣微微流動。藉助那罕有的呼吸空間，青春得以存活下來，叛逆的情緒也跟著引燃起來。經歷過六〇年代的許多青年大概會

李敖（李敖出版社提供）

同意，不絕如縷的一絲空氣應該是吹拂自一個書香聖地與一位傳說人物。如果有人提起，那一定是屬於一個世代所共同懷念的文星書店，以及書店的旗手李敖。

作爲一個旗手，李敖是我那個時代的一種願望，一種行動，一種叛逆的象徵。他的叛逆帶有桀驁不馴的架勢，也具有雄厚的歷史知識訓練。患有健忘症的台灣社會，似乎已經拭去當年他曾經開拓言論版圖的記憶，甚至也遺忘他爲這樣的行動所付出的慘重代價。他的形象，以及他的文字，在我青春靈魂鏤刻下來的印記，是不可能輕易忘懷。

李敖大我十二歲，同樣屬豬，是我台大歷史研究所的前輩。一九六五年我到達台北讀書時，他的名聲已在朋輩之間廣泛傳誦，幾乎可以用滿城風雨來形容。年齡的遲到，注定我必須錯過許多熱鬧的事件。帶著落後的心情，縱然只是抓到歷史的尾巴，我似乎能夠理解李敖的名字所代表的意義。時代絕情地對他關閉時，我確切知道，他仍然走在歷史的最前端。他的背影，引導我走到一個思想的路口。

時代轟然關閉的，是李敖主持的惹人議論的刊物《文星》，以及他坐鎮的城堡文星書店。我在那年九月就讀輔大歷史系，常常把自己關在圖書館，爲的是補修錯過的功課。我總是請求圖書館員取出過期的《文星》，讓我坐在黃昏的落地窗前閱讀，直到夜晚的到來。在高中時，我僅沉迷在文學讀物，從未有機會接觸如此豐富的雜誌。每期封面標榜的「思想的、生活的、藝術的」的雜誌，確實盡職地開啓我的眼界。在思想上，我從《文星》

初識了自由主義。在生活上，我第一次感知台灣社會的存在。在藝術上，我領受了當時現代主義運動的暗潮洶湧。從南部小鎮北上的青年，終於走上通往生命啓蒙的道路，正是在捧讀《文星》的時刻默默發生。

李敖以一個灼熱靈魂的姿態進駐到我的思考。什麼叫做生命追求，什麼叫做心靈開放，都成爲我日後汲取知識過程中的偏愛。有一種驅力不斷在我體內膨脹翻滾，那時候並未察覺，自己的人格與性格已開始接受前所未有的改造。在李敖身上，我著迷的並不止於雄辯的文字，而是更加醉心於他堅持的自由主義精神。這是我思想成長的一個斷裂點，是我與年少時期正式揮別的時刻。在此之前，我的身體帶著沉重的枷鎖，馴服地聽命於所謂黨國的制式教育。李敖文字使我第一次發現，自己的內心竟埋藏一座蓄勢待發的火山，濃稠滾燙的岩漿早已在血管裡急速流竄。我必須承認，沒有經過李敖的點撥，我的身體可能會變成死火山也未可知。表面靜止，內心躁動的我，一直在尋找恰當時機與恰當出口。我終於引信爆發時，已是在十餘年後遠離台灣的異域。回望台灣時，我的行動證明已是遲到的。

李敖是一位勇者，也是強者。他不曾等待，而是勇於創造時機，也勇於開闢出口。自由主義傳統在台灣有一段相當挫折的歷史，主要原因在於威權體制過於傲慢，而知識分子過於脆弱。這種脆弱，並不能完全苛責知識分子，畢竟自由主義的社會基礎，必須依賴蓬勃發展的資本主義與改革意願強烈的中產階級。國民黨能夠在五〇年代以後的台灣如入無人之境，就因爲從未遭遇來自中產階級的抗拒與要求。李敖在中產階級還未成熟、資本主

李敖創辦的《自由時代》《先鋒時代》等刊物。

義猶在萌芽的時刻，就以具體行動向國民黨挑戰。這位孤獨的戰士，應該已經預見一個困難的命運正張開雙手等待。

整個世代的知識分子都熱著心腸看他表演，卻沒有人鼓起勇氣加入他的行列。他比任何自命左派的知識分子還更具批判力道，並且更爲激進堅強。我在一九六五年十二月閱讀第九十八期的《文星》時，竟然可以感受自己的心跳特別劇烈，血液似乎也到達沸點。那時，李敖所寫的〈我們對「國法黨限」的嚴正表示〉正捧在我的手上。一位十八歲的青年，可能還沒有足夠知識經驗去判斷當時嚴峻的政治環境，但是卻清楚可以讀出李敖在寫下那篇聲明的字字句句，簡直是一記一記鐵槌擊打在沉默無聲的台灣社會。

李敖的自由主義思考，無疑是來自胡適的啓蒙。但是，他的行動格局，胡適是無法相互比並。他們沒有任何師徒關係，在自由主義立場上卻共同肩負一個畸形的政治體制。同樣受到歷史環境的限制，胡適終其一生都與當權者保持密切往來，李敖則選擇站在政治權力的對立面。這是台灣自由主義者的悲劇宿命，無論立場如何不同，最後都無法遁逃權力的壓制。胡適過於貼近國民黨，在寂寞的晚年，精神上形同繳械。他的思想不僅沒有突破，反而提倡「容忍比自由重要」的妥協哲學。在五四時期爭取個人自由解放的胡適，受到國民黨的羞辱、扭曲、傷害，最後被迫隱身沒入歷史迷霧。李敖前進的方向，全然與胡適背道而馳。他拒絕容忍，當然也不甘沉默。在黨禁報禁的高度思想檢查時代，知識分子都寧可閉門讀書，唯李敖毅然開門迎戰。對付手無寸鐵的書生，國民黨從來沒有放棄過監視、囚禁、撲殺的機會，何況是面對倨傲挑戰的知識分子如李敖者。在三十歲以後，李敖的命運變得悲涼而悲愴。

2.

李敖的行動，遠遠走在時代之前。因此，他的實踐全然不能以正確或錯誤來評斷，較爲恰當的說法，應該是他從來所做的事都屬於政治不正確（politically incorrect）。他所處的時代，也不能說正確或錯誤，只能說他的生命情調與行事格調全然不合時宜（out of place）。

第一次我從海外回到台灣，是在一九八九年夏天。李敖五十四歲，我四十二歲。闊別這麼久之後，舊時的友情已是蕩然無存。作爲異議分子所得到的待遇，唯我寸心了然。那個夏天我去拜訪李敖，更可理解他這輩子在台灣所嘗到的荒蕪與孤寂。住在城市高樓的李敖，行跡近乎隱居，但是他的社會介入卻比許多知識分子還來得深刻。

他看來是從容自在，時間與苦難未嘗在他的前額留下絲毫痕跡。使我感到意外的是，他的談話相當謙和有度，與他犀利的文字判若兩人。留存在我內心的一九六〇年代李敖形象，與眼前這位溫文爾雅的主人似乎銜接不起來。那年文星書店被迫關閉之前，幾乎台北的青年學生都傾巢而出，爲的是搶購最後庫存的「文星叢刊」，也爲的是對這樣標記著自由主義精神的城堡致敬。書店櫥窗張貼著標語：「酒店關門我就走」，語意非常不明，卻隱約帶有一份揮別時的瀟灑。在特務鷹犬的環伺下，一個面臨關閉命運的書店，還能保持如此雲淡風輕，大概也只有李敖做得到。

「文星叢刊」是我那世代的風尚。就像現在青年每人手持一支手機，當年人手一冊閱讀李敖主編的雜誌與叢刊，也是一種時代的儀式。叢刊的個性，其實就是李敖的個性，寬容，開放，但不失批判精神。在我知識追求的旅途中，許多初識的作者都是在文星遇見。不管是雜誌還是叢刊，開啓了我歷史教育之外的現實視野。集合了陣容整齊的作者，建構了封閉年代的最佳心靈，非李敖莫辦。在現代主義運動的大旗下，無數在日後被視爲經典的作者、詩人、舞者、音樂家、畫家，都通過了文星這道閘門。在那樣的行列裡，李敖的實踐與行動，無需援引抽象理論，就全然是自由主義者的格局。

李敖的言論最能檢驗那個時代當權者能夠忍受的程度。他的衝決網羅，並非只是在求得個人思想的解放，也是在護航整個社會求得心靈的釋放。我從未標榜他是英雄人物，但是從大學時代到研究所時期，他的文字隱然成為我注視的一個指標：任何文字不能引起議論或爭論，就不足以干涉政治氣候。李敖的生命故事，是一個時代的共同故事；李敖的戰鬥結局，也是一個歷史的共同結局。處心積慮要終結他言論的愚蠢統治者，能夠想出的聰明手段，便是訴諸冤獄來消音。羞辱知識分子的尊嚴人格，才能抬高國民黨的統治性格，這是台灣歷史的戰後命運。

李敖坐牢，是整個世代思想坐牢的縮影。每思及此，我總是感到氣憤心痛，以至不知如何自處。我後來閱讀《李敖回憶錄》，才得以窺見他在獄中遭到的凌辱刑求。那種失去理性的虐刑，正好反映統治本質的醜陋與野蠻。讀了他充滿人性的文字，才覺悟到他曾經也有過堅強與脆弱的時刻：「……在多少個子夜，多少個晦冥，多少個『昏黑日午』，我噙淚為自己打氣，鼓舞自己不要崩潰。」他寫下這段令人不能卒讀的字句時，國民黨正處於崩潰前夜。

我去拜訪李敖，絕對是為了向這位重新站起來的自由主義者致敬。我有太多的理由，必須交代清楚。李敖坐牢時期，正是我遠離台灣的時候。七〇年代黨外民主運動臻於高潮階段之際，我常會假想，如果李敖沒有缺席，會不會使民主言論更具活潑精彩？這是沒有答案的提問。不過，他在八〇年代出獄後，就立即與黨外雜誌結盟，造成的氣勢令人瞠目。

我那時正自我囚禁在洛杉磯主編《美麗島周報》，遠隔海洋，居然也可以感受到他擘造的風雲飄海而來。受盡屈辱的李敖重出江湖，不帶任何血跡淚痕，也完全不浪費絲毫時間，就立刻提筆與國民黨決戰。他的姿態好像只是遠遊歸來，輕撣衣袖上的塵土之後，又開始埋首工作。曾經落在他肉體與心靈的每一道殘忍鞭笞，現在都折算成頑強的字字句句予以還擊。自由主義者的甜蜜復仇，絕對不是庸俗的以牙還牙，而是以漂亮的言論創造更豐饒的自由。

他的文字是時事的，也是史詩的。十年軟禁與監禁，並未使他的戰鬥意志稍退。爲了使自由精神的氣象更加開闊，他毫不避嫌與黨外運動組成聯合戰線。他不是不知道黨外的政治理念，也不是不理解運動陣營內部的恩怨情仇。但是，在自由主義思想的基礎上，李敖寧可超越自己所抱持的中國情懷，而伸出合作的手。在他身上，我眞正體會了自由主義精神的高度與寬度。在洛杉磯時期，我每週都同時收到數份黨外雜誌，李敖的政論隨處可見。注滿血性的文字，再一次測試著威權體制在日薄西山時的忍受程度。在權力與文字的對比之下，前者是侏儒，後者是巨人；國民黨果然流露衰老疲態，李敖反而變得無比蒼勁。

從來沒有經過他的同意，我逕行轉載他的文字。在那段時期，國民黨內部正陷於權力鬥爭的無政府狀態，台灣社會也跟著落入失序脫序的情境，李敖的思考呈現得特別清晰。

他每次出手，都能擊中要害，又狠又準。他的戰鬥力量，強化了黨外運動的氣勢。一九八二年發生了李師科搶劫銀行的案子，警特單位一片慌亂，到處逮捕無辜百姓，既隨意又惡意。一位尋常民眾王迎先，竟至於遭到凌虐致死之後，李師科才落網。對這位搶劫犯，台灣媒體輿論無不鳴鼓攻擊，毫不留情。李敖在這時候發表一篇文字〈爲老兵李師科喊話〉，獨排眾議，寫出流落在台灣退伍老兵的悲慘生涯。這篇政論透視了歷史迷霧與政治迷障，爲受盡權力欺凌的外省老兵吐出悲憤心聲。喪失改革能力的國民黨，當然也失去了歷史反省能力；它唯一能夠爲自己辯護的方式，便是坐等著審判別人。我轉載這篇文字時，引起海外讀者的議論。我必須承認，李敖的政論是周報吸引讀者的重要原因之一。

我離開洛杉磯後，開始爲黨外雜誌撰稿，自然是效仿李敖的介入精神。鄭南榕爲爭取言論自由而選擇自焚之前，我義務爲他創辦的《自由時代》系列刊物撰寫政論，無非也是跟隨李敖爲

李敖出版社提供

自由主義傳統辯護。我的文學啓蒙始於現代詩的愛戀，從來沒有預見自己竟會涉入政治運動，而且幾乎已到達不歸路的邊境。這樣的生命轉折，當然有許多看不見的力量在推波助瀾。在各種力量的沖激之間，使我感到甚至是骨髓也會產生顫慄的，無疑是來自李敖的文字。

李敖也許知道我在海外擅自轉載他的文字，但我可以體會他的寬容與善意。我在一九八八年撰寫謝雪紅傳記時，知道他手上擁有一冊法務部繕寫的二二八史料，那是屬於內部流傳的檔案。我託人向他轉達要求影印時，從未謀識的李敖，相當慷慨地把原版轉贈給我，他反而留下影印本。他的豪華手筆，確實讓我開了眼界。

我向他致敬的那個夏天，李敖已經和黨外運動決裂。我去拜訪他之前，許多朋友警告我必須慎防戒備。我第一次體會到在台灣交朋友竟然是如此辛苦，從而也理解到民主運動的格局變得如此狹窄。我所理解的民主運動，也就在於整頓威權體制在台灣人心靈遺留下來的扭曲與傷害。這樣的歷史巨創，卻未在民主運動中得到治療，反而習慣以扭曲的立場看待自由與民主。我受到的傷害完全不能與李敖相提並論，但是對於他的挫折感，我的體會日益加深。

3.

如果活在一個健康的時代，李敖無疑是一位傑出的歷史家與思想家。就像殷海光那樣，也有可能成爲上乘的哲學家。嚴酷的政治環境，卻都把他們刺傷成爲政論家。殷海光原是可以寫出深刻的哲學作品，竟在一個看不到希望的年代，窮其一生致力於爭取言論自由。李敖受到的傷害還更巨大，在他的生涯裡台灣失去許多重要著作。年少時期就誓言寫出《胡適評傳》的他，繳出第一冊之後，便被迫去開拓發言的空間。他的計畫中，還有一部《中國思想史》的工程猶待建構。在人格與人權徹底被剝奪之後，他不能不走上政治的道路。

我尊敬李敖，一如尊敬殷海光，因爲對於自由的信念從未在生命裡稍嘗放棄。凡是他確切相信的，便捨身追求，不會因爲時代的轉變、政權的轉移，立場就發生動搖。李敖終於成爲政治人物，應該是台灣知識分子的悲劇命運。在他的內心深處，必然還活躍著一位思想家或歷史家。以他的格局來判斷，如果活在五四以後的中國，也許已經投入激烈的革命陣營。

看到他在電視主講「笑傲江湖」時，我知道一位寫歷史的大師正在消失。如果像他那樣頗具氣勢的寫手，都選擇了說歷史故事的工作，我只能興嘆消費社會的吞噬力量是如此龐大。當他也被迫走入立法院的深門時，我更加能夠認識台灣社會的不寬容。戒嚴體制已經瓦解，威權文化已經式微，民主開放的時代其實沒有到來。我曾經天眞地假想，政權更迭之後應該可以創造一個從容思考、從容寫作的環境，李敖也能夠回到書齋完成他的未完成。我的假想，全然出於一廂情願。

在一九八〇年代，李敖曾經為民主運動寫過一篇文字〈戰鬥是檢驗黨外的唯一標準〉，鼓舞了許多充滿政治憧憬的年輕世代。今天如果以這樣的檢驗來衡量權力在握的民主運動者，幾乎沒有多少人能夠符合標準。二十餘年來，剩下的戰鬥者唯李敖一人。以統獨立場來檢驗李敖，那是思想簡單、思考慵懶的評斷。以台灣之名，淪落至貪腐境地；以民主之名，傷害自由至深，反而比起國民黨還不堪。

李敖的思想內容與自由精神，絕對屬於台灣。當他站在北京演講，以調侃嘲弄方式對共產體制批評時，自由主義者的氣象在那時刻變得特別莊嚴。他的創造力與想像力，都是在台灣釀造。無論他同意或反對，我都覺得李敖是徹徹底底屬於台灣。當他從中國回來時，還有人認為李敖已經老了。這自然是很可笑，那樣批評的人其實從來都沒有年輕過。懼於批判，怯於戰鬥，是沒有資格年輕的。

我錯過胡適的歷史，卻趕上李敖的時代，也就沒有失去什麼。在李敖的生命裡，我見證無情的政治斤斧錯亂地留下深刮的傷痕，由於至大且鉅，那已不是一個世代能夠輕易拭去。歷史的力量不斷把他推入政治場域，即使已過七十，李敖還是被迫必須繼續戰鬥下去。台灣社會終於還是沒有開闢一個環境，讓思想家回到思想，讓文學家回到文學。人文心靈的荒蕪，使所有的自由主義思想都失去了意義。我在海外的黑夜裡，曾經閱讀李敖文字，久久不能成眠。如今回到台灣，李敖文字帶給我的騷動，還是讓我不能保有一份安身立命的心情。歷史是如此反覆，政治是如此無常，當我看不到健康社會降臨台灣時，叛逆之火依然埋伏在我的血液裡。

《印刻文學生活誌》二〇〇七年十月號

攝影／關耀輝

此身雖在堪驚

1.

革命的夢，牽引我世代的朋輩走上歧路與絕路。夢是平凡的夢，卻必須以血，以肉體，以生命去換取，最後並不一定實現。夢的焚燒，竟是我走過淒厲世紀末的僅有微光。如果沒有那稀薄的光，我的旅路可能會更暗更冷。終於走完年少時未曾預期的痛苦長路時，回望那一盞盞夢的火光，禁不住悲從中來。其中燒得最旺的一盞，已被盧修一攜走。我留在人間看得很清楚，再也不會有如此壯麗的火花繼續在前面帶路。

傳說中的歧路與絕路，其實是歷史上未曾受過祝福的台灣左翼道路。到了我這世代，左翼知識分子幾乎是一個瀕臨絕種的歷史名詞。盧修一是我遇見的最富浪漫情調的政治運動者，依照坊間庸俗的定義，他可能也是最不具左派色彩的左派。然而，所有的定義都是陷阱，都是害人的。如果左派的關懷是公平與正義，他絕對毫不遜於任何一位馬克思者主

盧修一（白鷺鷥文教基金會提供）

義者。如果馬克思主義者要求的是行動與實踐，他永遠是走在最前面。如果社會主義理念需要鮮明的階級立場，盧修一也勝過所有空談的烏托邦論者。

他在世紀末離開人間時，許多人已淡忘他左翼道路的記憶，他留給朋友最深刻的印象，是開懷的笑容，幽默的行動，堅強的批判，與柔情的風度。革命者從來都是浪漫主義者，由於時代的遮蔽，使我的世代不容易窺探盧修一的人格。當他被定位爲「政治頑童」時，他所堅持的左翼信念自然就不能輕易察覺。但是，在失憶的風潮中，我絕不忘懷。堅持不忘，是因爲在一九八〇年代我與他走過同樣的道路，也懷抱過同樣的夢想。我比他幸運，是因爲受到放逐而躲過囚牢；他卻爲了左翼信仰，付出生命風華，兌換了滿首霜髮。人格承受的凌辱、污名與損害，都在他靈魂裡留下凹陷的創痕。他以燦爛笑容贖回人格尊嚴時，人間只記得他的樂觀開懷，全然遺忘了最黑暗的記憶。

時光若是回到一九八三年，苦痛的情緒又將四面埋伏而來。那年三月，陽光已溫暖了洛杉磯的初春。像往常那樣，我坐在美麗島週報辦公室，開始閱讀來自台灣的信息與文件。在那平靜的下午，突然接到來自台灣的電話，告訴我警總剛發佈「前田光枝事件」的消息。稍後，資訊不斷進來，我才稍稍理解事件的概括。台灣的報紙說，前田光枝是由日本的左翼台獨史明派遣，攜帶文件給文化大學政治系主任盧修一。這項祕密行動，已由警總正式破獲。這是我第一次聽到他的名字，一個全然陌生的左翼運動者。

但是，也不完全那麼陌生。許信良得知消息後立即告訴我，盧修一是他政大時期的同學，留學比利時。史明又從日本來電，說明盧修一的博士論文《台灣共產黨史》的資料，都是在東京由他提供。盧修一的遙遠形象，一夜之間突然清晰起來。他與所有戰後知識分子經驗過的心路歷程沒有兩樣，最初都是從反共立場出發。在蒙蔽的教育體制裡，他熱情擁抱中華民族主義，也忘情信奉三民主義。那時代所有的青年，都像魚群那樣被驅入網罟；盧修一當然也沒有例外，馴服地加入了國民黨。具有黨籍身分，使他安全度過青少年時期，也使他完全失去批判能力。他的思想開始發生騷動，始於留歐期間。凡是稍有獨立思想能力的青年，終於偏離威權長臂時，自然而然會伸出好奇的觸鬚，去試探黨國以外的世界。在比利時讀書的盧修一，開始與西方馬克思主義有了對話機會。

一九六八年巴黎學潮激盪整個歐洲社會時，左翼思想大師的經典作品，浪潮般襲擊每一個校園。不要說沙特思想有了一次迴光返照的沖刷，新興崛起左翼運動者如阿圖塞、羅蘭巴特、傅柯、德希達的新語言與新思維，不但撼動了衰敗的政治體制，也翻轉了青年知識分子看待世界的態度。來自台灣的盧修一，不可能對左翼思維的轉變渾然不覺。他是一位政治研究者，對當代思潮的任何風吹草動，必然保持敏銳的觀察；何況又是置身左翼運動重鎮的西歐。

他決定以日據時期台灣共產黨的歷史做爲博士論文的主題，就足夠暗示他的立場已經開始傾斜。一位保守的右翼知識分子正要消失，代之而起的，是一位具有革命情懷的台灣青年。即使不談眞正的政治運動，僅僅注意他從反共思維過渡到左翼信仰的劇烈迴轉，就可能推知一場革命風暴已在他的心靈深處勃然躍動。

沒有人能夠阻擋他的思想左傾。當時要蒐集台共史料，絕對不可能在台灣獲得。當他知道東京的史明正在撰寫《台灣人四百年史》，並且也理解這位革命前輩的馬克思主義立場，就已經明白自己的日本之旅是生命中的必然。這是老左派與新左派的一次精神結盟，也是台灣戰後左翼思想的一次重要傳承。從知識散播的觀點來看，盧修一完成的工作極富

白鷺鷥文教基金會提供

政治意義，也饒有強烈的歷史意識。因爲，左翼運動的記憶延續，既被反共的日本殖民者劃入思想禁區於先，又被反共的國民黨威權統治視爲高度假想敵於後。台灣社會內部的左翼思想經過兩次的歷史掃蕩，幾乎已呈眞空狀態，那是最乾淨也最蒼白的極右島嶼。

左翼道路由於不斷遭到阻撓與干擾，無形中反而強化了它的批判力道。即使沒有揭竿起義，知識分子只要偷閱馬克思，這種行爲就立刻站在反共體制對立面。時代的錯誤與政治的閉鎖，使島上讀書人被迫在恐懼中窺讀左派典籍。但是，遠在海外，專注鑽研社會主義典籍，無異是對國民黨表達批判立場。

我第一次接觸馬克思的心情，恰恰就是那樣。如果脫離威權掌控而不把握時機好好閱讀左派經典，那就枉費了自由天地的空氣，也更枉費自己的知識追求。也就是如此相似的歷程，我才非常理解盧修一思想向左轉的心理狀態。尤其獲知他在寫台灣共產黨史，我不能不在內心讚嘆，那種勇氣等於是公開表明放棄陳腐惡臭的反共思考，也暗示了他與國民黨意識形態的決裂。我不知道他的研究內容，但是在一九八〇年代初期我開始撰寫台灣左翼運動史時，也從史明那邊得到一些資料。我相信，那是盧修一閱讀過的。冥冥中，好像有一場看不見的對話在我與他之間發生了。

2.

我與盧修一的最初認識，便發生在如此驚動的事件。他在囚牢的三年，據說是接受思想的感化教育。這種荒謬的事只出現在可笑的台灣，沒有思想的人竟然在感化思想深厚的知識分子。當權者能夠做的只不過是心靈折磨與精神恫嚇，所以感化教育最後證明非常成功；他們很有效率，在最短期間內把一位黑髮青年凌辱成華髮中年。

在自己主編的週報，我寫了許多聲援盧修一的文字，也寫了許多信件給國際人權組織。靜態的文字，全然不能稀釋他在獄中的屈辱，但我相信，可以使獄外讀者更加認識威權體制的困獸之鬥。在毫無謀面的情況下，盧修一於我竟是熟悉的名字，是心靈上極爲契合的朋友。我與他的許多舊識開始書信往來，從隻字片語我逐漸拼湊一個不完整的圖像。在他身上，我似乎見識了一個不尋常的人格。沒有人告訴我他是如何思想左傾，也沒有人爲我說明他是如何建構臺灣意識。我從自己的漂流經驗就可明白，凡是具有社會主義的信仰者，都不可能偏離自己的土地空談理想。

歷史在那幾年發展特別迅速，我隔海看到橫行島上許久的顢頇體制，在群眾運動的衝撞下，漸漸露出疲憊，終而開始鬆動傾塌。被監禁的盧修一，於一九八六年出獄，隨即在一九八八年參加建立不久的民進黨。他的行動極其明快，卸下「感化」的枷鎖，毫不遲疑加入民主運動的行列。所有左翼信仰者只有一個信條，就是應該行動時就必須行動，這是最基本的實踐論。

我眞正與他相遇，是在一九八八年美國南方的奧克拉荷馬州。他代表民進黨參加當地台灣人舉辦的夏令營，那是難以忘懷的見面。盧修一的白髮，在南方艷陽照耀下閃閃發光。我以爲他的演講又是訴諸悲情，結果與預期的完全相反，他站在台上說了許多笑話，在幽默陳述中傳達台灣民主運動的信息。遠遠望著他，不敢相信他才從獄中出來，更不相信他的語言是如此富有信心。旋風式的掌聲席捲全場，他反而冷靜分析民主運動的危險處境。

演講後，他快步向我走來，緊緊握住雙手。他知道我在獄外的所作所爲，也知道我正在研究台灣左翼運動。他很快就問我：「《謝雪紅評傳》寫得如何？」顯然，他關心的仍然還是左翼史的書寫。我請他趕快把博士論文譯成中文，在台灣出版。因爲，我已看到法務部調查局的譯本，筆法拙劣，甚至還加註擅自論斷。盧修一頗覺訝異，對於這件事完全不知情。他說其實已經動筆翻譯，不久就可完成。他的行動力極強，既參加黨務，又參加群眾運動，竟然在一九八九年冬天就已付梓出版。第二年開春，我立刻收到他親筆簽名航寄而來的新書。《日據時代台灣共產黨史》捧在我手上時，台灣社會正處在動員戡亂時期終結的前夜。

盧修一是我這世代的最後一位左派知識分子，睿智而勇敢。他涉入史明的獨台會事件，卻並不因此有所忌諱，反而在書序中說得很明白：「我也要感激在日本的史明先生，由於他的啓發與討論，我才能對左翼運動有清楚的整體認識。」這是一種風範，也是對知識來源的負責。他也容許我所寫的導讀〈左翼抗日運動的新探索〉置於書前，我特地指出：「盧修一專書的重要性，在於超越廉價的民族主義解釋，而落實到台灣社會去觀察台共成立的經濟基礎與歷史背景。」

說他是最後一位左派，是有充分理由的。放眼當年台灣，有許多人以左派自居，並且以民眾史的假面扭曲歷史。在骨子裡，他們只談立場，卻患有嚴重的行動未遂症。在民眾史的改寫之下，台灣所有左翼運動者一生僅有的工作，只不過是在表明心向北京，表明是否具有黨籍身份，卻從未有過具體的思想內容與實踐能力；彷彿他們生下來，就是先天的烈士。這種吶喊式的左派，其實是虛無主義者。他們高論中華民族主義，卻從未分擔過中國人的苦難；他們奢談社會主義，卻從來與台灣社會政治保持高度疏離。在這種腐敗的左派風氣中，盧修一帶來新鮮的思考與行動。他是最不教條，最不僵化，最不迷信的左派知識分子。他沒有偶像崇拜，因此完全無需接受任何繁文縟節。他的格局與視野，使左派思想獲得眞正的據點。

盧修一競選縣議員時的文宣。

盧修一在一九八九年當選立委之後，立刻成爲民主運動的指標性人物。我在一九九二年夏天返台擔任民進黨發言人時，與他有更多的對談。與他相處最多的時光，是一起參加台東與澎湖的助選。他具有群眾魅力，語帶感情，又不失風趣。他從不偏離主題，作空泛式的漫談，或庸俗性的空談。我清楚記得他演講中反覆主張總統直選，公民投票，制定新憲。他的言行，都可以使用左派思想來檢驗，而且經得起考驗，因爲每一議題都與群眾站在一起，都與台灣人權的解放息息相關。

在靈魂深處，他絕對不是激進主義者。但是，在立法院他總是以肉身阻擋違反時代精神的法案通過。他內心非常清楚，人民的權益永遠高於任何法案。他被警察圍毆，又被抬

出會場的鏡頭，已是九〇年代台灣政壇難以拭去的記憶。他充分把生命能量釋放出來，那種熱力與光芒，幾乎不是同輩的國會議員能夠逼視。然而，在私下聚談時，我才發現他從來沒有放棄閱讀左翼書籍，甚至還對我的左翼文學研究感到好奇。他還提醒我：「你的研究出版時，記得送我一本。」我的出版竟是太遲，趕不上他急速的生命腳步。他在一九九八年告別人間時，我還深鎖在書齋埋首研究。

3.

有時我會假想，如果他還活在人間，目睹二十一世紀的政局變化，究竟是抱持怎樣的心情？

盧修一從來不計較個人的成敗得失。他必定有過徹底的覺悟，那已不是可以使用世俗的價值來衡量。遠逝的他，並不知道我開始尋找他的蹤跡。二〇〇四年冬天，他的夫人陳郁秀引導我去探訪他生前的三芝舊居。寒雨落在荒草，頗覺淒冷。我撐傘站在雨中，眺望已經塌斜的北新莊老屋。我可以想像紅磚築起的三合院有過盛況華年，在這裡誕生的盧修一，也許早已埋下日後的壯志。

泥濘蜿蜒的小路，在寒風裡看來是那樣寂寥。他可能從未預見有一天會走出這狹窄的聚落，把自己塑造成爲社會主義信仰者。但是，無論天地有多寬，他未嘗忘記這是他生命的起點。記得有一張相片，他站在三合院前面，飽滿的笑顏背後是陳舊的故居。我總覺得那是一種神祕的暗示，式微的舊時代與崛起的新精神已然銜接起來。我可以讀出更多的意義，一位漂洋過海的左翼信仰者，從未動搖他對自己土地的認同。

在深夜裡，我仔細閱讀他高中時期留下來的日記。青年盧修一的手跡，端莊清麗，又有豪氣。漫漶的紙頁，掩藏不了巨大的夢。失怙的童年，並未磨滅他的志氣。他生來就是要與艱苦的環境搏鬥。翻閱時，我仍然可以感受到一顆躍動的生命流竄於字句之間。有一段記載使我頗爲動容，他幾乎是每天從三芝走路到淡水去讀書。每當很晚才走回三芝，他的母親總是佇立在村前等候。他淡然書寫這樣的家常，我在閱讀時卻深深爲寡母孤子之間的情感而起了波動。非凡的人格正是在這種不爲人知的生活細節中慢慢累積起來。他從不懼於說愛，而且說得毫不矯情，因爲那就是他生活的一部份，也是他實踐於人間最重要的部份。

陳郁秀邀我到北台灣拜訪舊識，她的用意我是可以理解的。幾乎每到一個地方，都有人主動前來致意。他們談到盧修一時，如數家珍，好像是昨日才發生的故事。畫家，陶藝家，民俗工作者，民謠創作者，仍然熱情談論與盧修一的過從，似乎他就坐在聚談的中間。我才知道，他從來沒有離去，他能說他們的語言，也呼吸他們呼吸的空氣。他的民間性與草根性，是如此自然與庶民生活混融在一起。我深深體會，他與鄉民的往來完全沒有政治姿態；他不是活在傳統裡，而是全心屬於民間的日日夜夜。

一九九七年冬天，台北縣長選舉的投票日前夕，我坐在校園的電視前注視選情變化。那時，盧修一已受到癌症細胞侵蝕，由於接受化學治療，視力與聽力嚴重受到影響，甚至走路也失去平衡感。他突然出現在候選人蘇貞昌的政見發表會，親自助陣造勢。在電視上，我可以看出他病容滿面，慣有的豪氣已消失淨盡。但是，他始終挺立在那裡，輪到他發言的最後，突然下跪，向群眾伏拜叩首，請求他們支持蘇貞昌。那一幕，是他向人間告別的最後一幕，我激動得禁不住自己的眼淚，失聲慟哭。受盡政治與疾病的連續傷害之後，在生命的最後一刻，仍然不忘把僅有的溫情奉獻給民主運動。他下跪的剎那，扭轉了

「盧修一博士紀念墓園」中，以其自喻寫照的「蘆葦與劍」設計的紀念碑。

低迷的選情，也帶動了全島的氣勢。所謂夢，所謂理想，所謂信念，已經不需要任何解釋，他的行動足以道盡一切。

二十餘年如一夢，此身雖在堪驚。盧修一遠逝之後，我常常會追問，他付出慘重的代價，終於兌換了什麼？我因放逐而失去了華年，眞的是值得嗎？新世紀到來，是沒有夢的世紀。曾經走過歧路與絕路的左翼知識分子，小心翼翼捧著夢迎接政權更迭的時代，竟完全經不起任何考驗。我們共同的夢被棄擲得支離破碎，不知如何收拾。留在人間，我終於明白，盧修一走後，再也看不到炙熱壯麗的夢繼續燃起火光。

《聯合文學》二〇〇七年十月號

奔流入海

攝影／黃筱威

1.

母親空茫的雙眼望著前方時，好像遺忘在遺忘裡。在遺忘的世界，她無需分辨彩色與黑白，更無需分擔喜怒與哀樂。失憶症攜著母親，投入時間的激流，不捨晝夜，越漂越遠。我站在岸上，雙手揮舞，不停呼喚，母親全然義無反顧。失憶是滔滔的水勢，朝著不知方向的大海奔流而去。那是絕情的揮別，是毫不回首的辭行，是不再說再見的離去。

父親走後一年，母親開始出現這種徵兆。我與兄弟以爲是暫時現象，可能是驟然失去伴侶的後遺症。情況卻不像推測那樣樂觀，再過一年，失憶的跡象越來越明顯。直到醫生證實是典型的艾氏海默症時，母親的時間意識已呈扁平狀態，她再也分不清什麼是過去，現在，未來。

她的思考僅剩下空間意識。她不會說昨天，上週，去年；當然也不會說明天或未來。

談話中，只是反覆來回於兩個空間。從前發生的，都是屬於舊房子的事。此刻她能知覺的事，則都屬於陌生的新房子。她總覺得才搬來新居，對週遭事物非常不熟悉；其實，她一直住在那裡，而且超過半個世紀。她酷嗜提的一個問題是，何時要再搬回去？在她腦部的縐褶裡，也許還存留一個熟悉的、習慣的過去痕跡。可憐的母親，她不會知道那眷戀的舊居是一個永遠回不去的家。

失憶症粗暴地進駐她的生命，是那樣決絕而不講理。屋簷上可能有一位不知姓氏的神祇，正以看不見的方式凌遲家族的每位成員。眼睜睜看著無名的神，次第收回母親的記憶，速度是那樣緩慢又不易察覺。我與弟兄被懲罰成為束手無策的見證者，忍心注視母親一點一滴的消失。

消失的是母親烹調的技藝，是縫紉的巧手，是溫暖的微笑。消失更多的，是母親責怪天氣的報怨，是閒話家常的興致，是傳遞家族故事的能力。當她開始遺忘，日常生活中理所當然應該發生的事情都突然中止。惡作劇的神，撕去一冊精彩小說的最後數頁，抽掉一首長詩的數行結局。母親的演出驟然被切斷，只能以茫然眼神望著空空的舞台，偌大劇院投射著她頓挫的背影。沒有句點，沒有尾聲，沒有終場，當然也沒有掌聲。

一併被擦拭的，是平凡無奇的幸福。我失去了與她對話的機會，也失去了分享喜悅的樂趣，更失去交換私密記憶的空間。我不能不追問一個近乎哲學的問題：遺忘是什麼？在漫長的生命過程，遺忘遠遠勝過記憶。縱然記憶是何等豐富，但付諸遺忘的還要更多。凡負載記憶的，也同時要負載悲傷與愉悅。記憶在那裡，生命的全部重量也就在那裡；情感

陳芳明父母親的結婚照。

的重量，慾望的重量，權力的重量，聲名的重量……，都必須由一個小小的人格支撐起來。

相對於記憶，遺忘是不是一種解放？遺忘是空白，是永恆的靜止，是和諧的最高存在。從痛苦、矛盾、折磨、衝突的記憶出走，遺忘將是無重量狀態的遠行。果眞如此，母親是不是已經啓程，展開毫無負擔的航程；然而，她明明坐在眼前，容許我輕撫她的白髮，溫暖她的手掌，擁抱她的肩頭，卻無法與她交談。坐在眼前的母親，坐在一道彷彿是防彈玻璃背後，被保護得非常完好，一種囚禁狀態的保護。我與她並肩坐在一起，兩人卻完全被隔離，被遺棄在無法相互溝通的兩個世界。向著我，她投以似乎看見又像看不見的眼神。稍縱即逝的微笑，在她的面容浮現又立刻隱去。我終於理解，當她微笑，絲毫不牽動內心的悲喜情緒。

凝視她的表情，猶似面對一泓平靜無波的池水。我從不放棄與她說話，直到她回應一個不具任何意義的語言。無端暈開的波紋，又歸於靜止一如鏡面。我無法拯救那一泓沒有微風也沒有鏡象的池水，原來遺忘是一種失去語言的表情，也是一種失去表情的語言。遺忘是一部當機的電腦，所有存放的檔案、紀錄、圖片、網址，都在無名之神的惡意觸動按鍵，輕易失去了。

記憶消失時，所有發生過的事情都化爲烏有。若是沒有照片、書信、文件、紀錄，而記憶又被抹去，生命將留下什麼痕跡？

2.

如果遺忘是一種空白，我曾經帶給母親的傷害也應該不會留下任何蛛絲馬跡。她失去過我這個兒子，如今再也不會失去。她有四個兒子，兩個女兒，只有我爲她創造生命中最困難的時刻。在她的孩子裡，唯我走過遙遠曲折的漫漫長路。我在海外的所作所爲，從來未預期會造成她的苦惱。最黯淡的那段歲月已成過去，但是每當想起那年聆聽她寄來的錄音帶，以及她迢迢千里到異域來探望的辛苦旅行，已經平息的情緒又會發生震動。

在親情與家國之間的拉扯，撞歪了我三十歲年代既定的航行方向。生命若可離開一陣子，然後重新來過一次，我會不會選擇同樣的道路？應該會吧，我還是會在兩種情感之間掙扎，最後偏向家國的那一邊。對於像我這樣的理想主義者，一個無可救藥的浪漫主義者，做出叛逆的抉擇並不足以訝異。追求家國的道路之際，就必須割捨親情，對母親的傷害便從此鑄成。

參加海外政治運動，不免是帶著知識分子的愧咎。常常告訴自己對台灣抱持罪惡感，如果能夠以行動介入，對自己的譴責當可減少一分。我虛構一個藉口，告訴母親在洛杉磯找到一份工作。那種善意的謊言，畢竟禁不起檢驗。不久之後，母親就請大哥捎信給我，暗示有情治人員開始定期拜訪。這使我感到驚訝，原來思想檢查制度並不只施行於台灣，還伸長手臂直抵海外。

我爲《美麗島週報》撰稿時，使用三十餘個筆名，爲的是避開鷹犬的耳目。威權的陰影無遠弗屆，我祕密的行動不再是祕密。母親被造訪時，不知得到何種信息，但是從輾轉來函中，我已被形容成爲一名江洋大盜。一九八二年，母親託朋友從香港寄給我一捲錄音帶。離家那麼久之後，第一次如此貼近母親的聲音，我激動得無法自持，淚水全然不聽控制，無可抵抗地奪眶而出。錄音機釋出的聲音，一如往常，好像我從未離家。她仔細告訴我家中的情況，鄰居們的變化，然後談到自己。母親只是不經意提起：「最近開始會畏寒，大概是有了年紀。」緊接著，她有意傳達我重要的信息：「你在那邊所做的一切，我都可以理解。要健康過日子，不必擔心台灣的家人。」聽到這裡，我已泣不成聲。

在北美的黑夜，母親的聲音不斷在我耳際迴旋。內心裡，我無法原諒自己。她的錄音帶對我是如此寬容，但我可以讀出聲音的背後暗藏著傷心。她的期待，想必已都落空。在她的面前，我從來都是安分守己，未嘗有過任何踰越的舉動。直到我從研究所畢業，我都可以感受到母親自有一份信心。她大概沒有想到我會遠離校園，親身涉入政治運動。

一九八三年夏天，父母旅行到洛杉磯與我相聚。畏寒的母親，看來是更加蒼老。見到我時，似乎非常開懷。反而是父親的表情特別嚴肅，心事重重的樣子。他們都經歷過太平洋戰爭，已經相當習慣如何應付不可信賴的政治環境。在他們身上，我可以看到戰後台灣人的隱忍性格。他們並不畏怯，卻不知如何表達自己，以致對任何事情都保持高度沉默。長期的累積，反而養成容忍的脾性。

他們結婚時，戰火已臻於高潮。童年時，我在母親的梳妝台上看到他們的結婚照，新郎十九歲，新娘十八歲。在時代無情的洪流裡，結婚是他們唯一能夠找到的相互取暖的方式。泛黃相片散發出來的戰爭氣息，簡直是撲鼻而來。我注意到父親的西服，似乎是由軍裝修改而成，頗爲簡樸。母親披著婚紗，手捧鮮花，卻未釀造絲毫喜悅氣氛。他們都沒有微笑，兩人的目光投射在不同的方向。那是我看過最爲沉重的一幀結婚照。合攝時的戰爭淒涼，佔據了滿滿的鏡頭。

我能夠解讀照片的歷史意義時，已在海外嚐盡流離的滋味。從我自己的遭遇，才漸漸能夠認識父母的命運。照片中，他們看到一個遙遠而不確定的未來，而未來所發生的一切都降臨在我身上。如果那就是所謂的歷史意識，我與父母世代之間的連帶感也許是以此爲基礎而建立起來。殖民體制崩解之後，他們立即迎接了戒嚴體制。如果時代的轉變，政權的更迭，從未爲他們攜來喜悅，我幾乎可以推論，跨越兩個世代的台灣人，其實都沒有獲得解放的感覺。

選擇涉入海外政治，完全是來自我對台灣歷史的覺悟。美麗島事件發生後，我見證了同樣的命運又重複鑄造。父兄的前行世代若不能卸下政治枷鎖，我已可預見，歷史的桎梏又會重現在我的世代。若是我繼續冷漠，任由未知的命運擺佈，我的下一個世代想必還是接受精神的囚禁。我不能複製父親的隱忍脾性，潛意識裡其實是對他不滿的。我要改變這種退縮性格，僅有的自我救贖便是開門出走，徹底棄擲他們的噩夢。

母親旅行萬里路，好像有滿腔的話要與我交談。她議論著媳婦與孫子，那都是我的未知。父親整天不發一語，似乎在尋找恰當時機與我談話。他選擇一個寧靜的下午，與我面對面坐在客廳，母親則坐在窗邊角落。父親開始責備我不應該影響到台灣家人的生活。他說：「警備總部說你是《美麗島週報》主編，寫了無數詆毀政府的文章。」又說：「調查局常常派人來家裡探訪，你能夠想像那種滋味嗎？」我背對著母親，但可以聽到她的啜泣。

父親滔滔不絕指責時，我確實覺得難堪。總以爲自己在追求歷史的答案，認爲自己可以改造台灣的命運。但是在一切還沒改造之前，反而是家族的命運被我改變了。我能說什麼，除了默認，毫無反擊的能力。父親大概說得極爲疲倦，終於也慢慢靜止下來。我忍不住開口說話：「爸爸，如果你的時代已經解決了台灣的問題，我還需要做這樣的事嗎？」父親好像對我的發言感到錯愕。我又繼續說：「如果你生在我的世代，我相信你也會和我一樣，做同樣的事。」父親沒有任何回應，沉思般凝視著窗外。

從那天開始，父親不再說任何事，又恢復心事重重的狀態。母親則當做什麼事都沒有發生，仍然設法與我談論家鄉旁枝末節的故事。我可以感覺到，母親似乎也有話要說，只是欲言又止。

直到返台那天，我驅車送他們到機場。母親沿路都沉默不語，父親則假裝欣賞車外風景。到達機場後，母親走得特別快，我只好與父親走在一起。在海關門口，母親轉身過來，我才發現她早已淚流滿面。她接過行李，看著我的眼睛說：「芳明，答應我，做一個平凡的人。」不等我回答，她立即又轉身，急急走入海關，不再回頭。朝著長廊，我焦慮地望著父母的背影漸行漸遠，直到淚水模糊了我的雙眼。

心如刀割的感覺，就發生在那個時刻。母親不僅失去了一位兒子，也失去了許多期待。我無法辯白，也不知如何解釋。茫茫海洋，阻絕了所有的對話。情感的傷害，莫此爲甚。這段海外的記憶，是蝕破的傷口。每當揭開，那年的痛楚又頓時甦醒。

陳芳明母親攝於一九四二年婚後。

3.

一九九二年我正式回到台灣，見證了世紀末政治的劇烈轉折。能夠出現在歷史現場，我有一種無以言宣的快意。畢竟那是等待許久的時刻，等待著目睹一個威權體制的倒塌。我知道那個時刻一定會到來，絕對不可以缺席。

母親掩飾她內心的焦慮，縱然她爲我的無恙歸來感到無比喜悅。我與父親似已達成和解，卻還是未得到他的諒解。回到台灣，我繼續參加政黨活動的事實，使他們還是處於不安狀態。

每次回到故鄉左營，我總是希望爲他們做口述歷史；談話時，我會作筆記，並且爲他們拍照。面對鏡頭，母親很不習慣，有時還會出現一種羞澀。她留存的相片中，幾乎都沒有開朗的微笑。我最喜歡的一幀，是她在一九四二年婚後不久拍攝的。因爲是非常難得，我尤其偏愛。母親不是美女，也未接受中等教育，但自有一份矜持的氣質。捲髮後梳的那張寫眞，她穿著碎花洋裝，側臉望向前方，這幀照片留下生命中罕見的時刻，不久之後便已烽火遍地。所有的照片中，再也找不到如此容光煥發的身姿。

我十七歲那年，曾經遭到一次情感的挫折。爲了撫慰我的傷口，母親來到房間與我長談。記憶中，那是我與母親僅有的一次私密談話。她是來自台中大甲鄉下的女性，懷抱過青春少女的夢想。生活的困苦，使她過早失學。在高雄日本人經營的百貨公司，她謀得店員的工作。如果不是生活過於辛苦，她不會選擇那麼早就結婚。沒有婚姻的羈絆，她很有可能變成現代的職業女性，可以完成許多抱負。婚姻迫使她必須扮演傳統女性的角色，少女時期的夢想終至被輾壓得支離破碎。

她有許多祕密與故事，常常在不經意之間洩露。計畫中的口述歷史若能完成，家族史的建構應是可以欲求的。然而，父親驟然去世，失憶症又擄走了母親，許多故事都成爲懸案。在遺忘還未完全佔據她的心靈之前，母親有時突然會使用日語，回憶在大甲的歲月。

記憶非常神祕，往往由蟄伏狀態冒出。從優雅的日語，我大約可以推測她曾經有過開朗的少女時期，但非常短暫。她的夢，她的抱負，也許都是在那段日子形塑。有兩個場景不時浮現，一個是她沿著河岸走到鎭上，唱著帶有喜悅音符的歌曲；一個是她把日本寄來的雜誌送到日本人的宿舍，兩個場景都是發生在書店工作的時期。沉緬在記憶時，母親的臉龐綻滿微笑，彷彿有一支幸福的歌緩緩釋放出來。她不斷回到那樣的記憶，暗示了那可能是生命裡最快樂、最沒有苦惱的短暫歲月。

如此稀有的記憶，現在也都緊緊關閉，被鎖在沒有出口的幽室。我回來太遲，在無名神祇收走記憶之前，來不及回到母親的身邊。不知姓名的神祇並不是懲罰母親，而是惡意凌遲著我，讓我牢牢記得曾經對母親的傷害，讓我無法得到她的諒解，讓我眼睜睜看著她被監禁在透明圍牆的背後。

歌劇到達尾聲時，合唱的聲音宏亮響起，布幕緩緩降下，燈光逐漸轉暗。莊嚴的告別儀式，使每位觀眾都可預期故事的即將告終。那是受到祝福的劇場，心靈領受著洗滌，身體接受著音樂的撫慰，那樣的結束使故事進入圓滿的境界。

母親的故事卻是沒有結尾的劇情，歌聲驟然終結，燈光突然打暗，空曠的劇場只剩她孤寂的身影站在舞台。掌聲默然，音樂中止，故事是沒有結束的結束，是沒有續集的續集，是錯愕之後的錯愕。故事全然付諸流水，急湍洶湧，怒潮無情。她還坐在眼前，記憶卻已被沖刷得乾乾淨淨。失憶症挾持她隨波揚長而去，不再回首。我呼喚她，不斷呼喚她，母親毫不回首，奔流入海。

《印刻文學生活誌》二〇〇七年十一月號

大寒之後春分之前

攝影／許鴻潮

1.

刀割一般，我的前生與今世被整齊劃開。切割的痕跡歷歷在目，鮮明留在悲憤猶存的詩行。完成於二十餘年前的詩作，現在已不輕易示人。如果有人偶然發現，問起那些詩是出於何種心情，我會容許時光再度流回一九八〇，一個不想面對卻又不能不面對的時代。大雪之後，正是那年的心情。冰涼、冷酷、凍寒的氣溫，緊緊鎖住瀕臨迸裂的心。僅能釋出的是噙在眼角的淚，雪融那樣，不可抑止。在寒氣襲人的西雅圖，聽到林家血案的消息傳來時，彷彿也覺得有一把雪亮的匕首，刺穿年少以來純白的夢。

一九七九年十月下旬，林義雄結束美國國務院的邀訪，返台途中路過西雅圖。北國邊城的晚秋，霜氣甚濃，滿城枝葉如果不是變黃變紅，便是即將凋落。他被安排與華盛頓大學的學生聚會，在俯臨湖畔的一個住宅。我坐在許多學生中間，聆聽他講述台灣民主運動的進展。島上的任何風吹草動，都牽引著海外的每一顆心。我當然也不例外，全神專注於林義雄的解說。遠遠看著他，總覺得他散發一種罕見的氣質。他說話時，聲音低沉而沙啞，非常專注接受學生的發問，並且很有耐心回答每個問題。

我對他其實是熟悉的，他在黨外民主運動中的角色特別引起我的矚目。一九七七年中壢事件發生後，他與十餘位黨外人士當選省議員，那是戰後以來第一次見證如此整齊的新生代進入省議會的殿堂。他們帶給台灣前所未有的民主希望，至少對我而言，那是一股救贖的力量。我在報紙上常常注意他的發言紀錄，豐富的法律常識，使他在議會中的發言頗具分量。當年的媒體，很少報導省議會的動態。黨外人士進駐之後，幾乎已是報紙的重要報導。如果政治腳步能夠持續穩定走下去，我深信民主當可早日降臨台灣。

林義雄特別引起我的注意，在於他在一九七七年之後出版三本書，其中兩冊是與姚嘉文合著，包括《虎落平陽：選戰‧官司‧郭雨新》與《古坑夜談：雨傘下的選舉》，一冊是他的專著《從蘭陽到霧峰：瞧這個省議會》。從書中的敘述與紀錄，我才省悟台灣的民主政治竟是那樣黑暗

一九七六年林義雄（左）與姚嘉文為郭雨新提出「選舉無效之訴」，為台灣史上第一次對選舉不公提出訴訟。

醜陋。在威權的一黨獨大時代，像林義雄這樣的知識分子投入選舉，確實需要非凡的勇氣。我總是相信，他與他的世代的共同努力，應該可以攏來一絲曙光。我畢竟是過於樂觀，那年的智慧還不足以窺見政治的險惡。

離開聚會的那個晚上，我幾乎處於亢奮狀態。對於自己遠離台灣，並且自我鎖在書齋，竟湧起愧疚。我並未預見，林義雄的返台，正要投入一個不可知的命運。他為我們描繪的黨外運動，以及他所堅持的理想與原則，似乎對我產生了強烈的感召。身為國際特赦會的一位會員，我關心台灣人權已有一段時日。聽完林義雄的談話之後，我更加確知自己參與的工作是值得的。至少從他那裡得到啟示，關心黨外政治的同時，更應關切台灣的人權。

又過一個多月，美麗島事件發生。在事件之前，我已得知黨外人士將在高雄舉行聯合國人權節的遊行晚會。就像往常的集會那樣，當可引來大量鎮暴警察的包圍。頗覺意外的是，國民黨正在那段期間召開三中全會，已經決定對參加高雄集會的黨外人士進行逮捕。事件爆發之際，我正通過越洋電話與現場的艾琳達連絡。我記得她說：「這次事件對台灣政治將產生重大意義。」她使用「significant」來形容，但我無法推知是如何重大。只聽到電話的背景噪音，包括警察哨聲與群眾吶喊。緊接著發生的一連串事件，現在已都成為歷史。所有《美麗島雜誌》的領導者，悉數遭到逮捕。我發現林義雄也在被捕的名單中。

從七〇年代初期崛起的草根民主運動，都在一九七九年十二月十日遭到重挫。一個完整的十年，在催淚彈的硝煙中匆匆落幕。我終於覺悟，一場政治運動全然不是我想像中那樣，是塗滿玫瑰色的，是唯美的浪漫主義運動。我從來沒有嚐過如此的敗北感，滋味是苦澀，失落，幻滅。如果民主運動重新來過一次，恐怕還需要另一個十年。坐在絕望的深淵，我看不到自己振作的力量。

放下正在撰寫中的博士論文，我全心參與國際人權組織的拯救活動。唯一能夠找到自我救贖之道，已別無他途可循。每天我與荷籍朋友聚在一起，積極搜集被捕名單，並且把最新的鎮壓行動消息譯成英文，傳遞給國際媒體。能夠做的也只是這樣，藉由不斷投入的拯救工作，我才有可能平抑焦慮的心。

時間以凌遲的速度緩慢劃過胸臆，地球的運轉似乎也跟著停滯下來。如果找不到靈魂的井口，也許我會精神分裂也未可知。就在鞭笞般的日子裡，竟傳來林義雄住宅發生滅門血案。他的雙胞胎幼女亮均、亭均，母親林游阿妹都被刺殺，大女兒奐均則身受重傷。妻子方素敏正赴監獄探望林義雄，剛好躲過一劫。在絕望的谷底，我更進一步落入地獄。彷佛看到一片血海，自己的身軀載浮載沉，根本找不到涯岸，完全無法相信人間會有如此慘痛的事。一夕之間，我變得沉默不語，深怕任何語言出口，立即慟哭失聲。

2.

最早出現的念頭就是革命，一個非常嚮往卻又陌生得近乎恐怖的念頭。我無法爲自己找到合理的解釋，如何去看待台灣發生的悲劇。在無盡止的痛苦中，我寫了一些非常生氣的詩。現在重新捧讀時，仍然還可推見那時情緒的無以排遣。其中一首是〈祭林游阿妹〉，多少憤怒都容納在詩行之間：

死，並不是結束
另一頁干戈的歷史正要開始
在通往黎明的路上
我們是不曾畏懼的
拔刀的，必須還之以刀
青寒的鋒芒正在前頭帶路

這樣的詩句，絕對不可能出自浪漫主義者的手。我終究是那樣寫下來，一字一句鏤刻著內心的悲傷與沉痛。一度對詩感到絕望的我，卻又回頭藉由詩情讓自己釋懷。我從文學史上找到許多先例，詩是可以干涉政治的。我想到的是拜倫，普希金，葉慈，奧登，以及瞿秋白與魯迅。這時，已清楚意識到自己走到一個分合的路口。如果不介入投身那迎來的浪潮，歷史是不可能給我第二次的機會。如果是眞正捲進去，我還有回頭的機會嗎？智慧還不足以讓我做確切的判斷，但至少有一股勇氣逼著我必須押下賭注。若是優柔寡斷，這輩子恐怕都無法原諒自己。等我清醒過來時，決定已經鑄成，我發現自己已到達洛杉磯，加入了《美麗島週報》的復刊。

刀割的感覺，並不只是意味離開學界，而是自己生命歷程有了急劇的迴轉。參加政治運動之前，我僅有的夢是成爲專業的歷史家，或者野心再稍微放大些，也同時成爲一名詩人。浪漫情懷的思維方式，主導著三十歲以前的我。經過事件的洗禮之後，我靜態、平面的思考已徹底放棄，無論是知識、行動、審美、文字都與過去截然不同。生命似乎又重新開啓，與過去的時光已有迴異的性格。政治思考進駐我的記憶，完全是新鮮的經驗。我終於不再珍惜帶有潔癖的筆，凡是能夠換成文字，我會毫無忌諱寫在稿紙。因爲沒有自我設限，我不羈的脾性已可在紙頁上施展開來。是什麼力量引導我如此奔放？我能夠給出的答案，當然是林家血案。受到事件的刺激，我的心理結構似乎受到嚴重的改造。我已不在乎名位、聲譽、身分、功利，又何在乎區區文字的經營。

思想改造已在那段時期拉開序幕，緊接而來的種種轉變就已不是那麼使人訝異。我逐漸割捨歷史考據的脾性，開始學習結構分析，這當然是閱讀馬克思主義以後產生的效應。對詩的信仰，我還是認眞看待，卻並不像過去那樣尊崇。當我走上接近左翼的道路時，內心的革命風暴已然釀成。

臺灣時報

林宅血案似有預謀·歹徒用心極爲險惡

警總懸賞兩百萬元緝兇

兇殺案情轉變

林奐均病榻告乃父「我不認識那個人」

父女談話內容已作成錄音

老母幼女慘遭橫禍 林義雄痛不欲生

基於安全考慮 殯儀館內停屍 謝絕進入探望

林宅血案的報導。

對於自己遠離學界，最後甚至沒有取得博士學位，我從來並沒有後悔過。每當想及坐在牢裡的林義雄，以及那麼多知識分子也在高牆之內，我就覺得自己付出的代價極爲渺小。在很久以後，終於有機會閱讀林義雄的獄中家書時，才知道他精神心靈的折磨遠遠超過我的想像。在信中，有多少思念、夢想、誓願都匯集起來，形成一股龐大的期待。一九八〇年二月二十二日，是血案前的最後一封信，因爲那天他已接到起訴書。林義雄說他接到時，「我有了世界末日的感覺」。又說：「起訴已經決定未來命運的大半，現在眞正的淒涼、寂寞、悔痛和傷心都嚐到了。」

寫下這些字句時的林義雄，完全不知道自己的家族命運還要遭到更殘酷的懲罰報復。在被捕的人士中，他是唯一沒有參加遊行示威的人，卻是受到最嚴重的反擊。到今天，我還是相信美麗島事件絕對不是國民黨要毀掉林義雄的僅有藉口。自當選省議員後，他在議會的發言、揭露、批評，顯然不是威權體制所能容忍。重新閱讀他在事件前出版的

林義雄與母親林游阿妹、妻子方素敏及三個女兒的全家福。

三冊選戰紀錄，尤其是《從蘭陽到霧峰》，他的凜然姿態仍然生動浮現。他已經把自己置身在民主最前線，理直氣壯利用法律條文與憲法文字向當政者討回公道。憲法與法律，是一黨獨大時期立下的遊戲規則，林義雄卻能夠在條文與條文之間遊刃有餘，卸下威權的假面，那已不是權力在握者可以接受。

從獄中傳出來的消息，他受到審問時還是辯才無礙，據理力爭。情治人員曾經警告過他，將受到最嚴重的懲罰。林義雄總是以爲他將被判刑最重，一如家書所說的「世界末日」。然而，末日的到來，竟是必須以母親與雙胞胎女兒的性命來換取。毀滅的字眼，尚不足以形容他家破人亡的情境。林義雄的遭遇，並不是個人的夢全然破碎，而是台灣社會全部的夢想一併受到消滅。血案的信息那樣清楚，所有民主運動者都有可能遭到同樣滅門的命運。尤其是發生的那天，又是二月二十八日，台灣人記憶最傷痛的日子。

我不僅不後悔陷入政治漩渦，甚至還認爲自己做得還不夠多。如果台灣從此保持沉默，以至恐懼畏怯，不就合理化劊子手的殘酷行爲？至少，我是不可能向後倒退，縱然已經確知自己已經受盡放逐流亡的苦痛。那幾年，我把自己改造成完全與前半生截然不同的人格，不再溫和怯懦，不再優柔寡斷，爲的是不再輕易妥協。那樣的人格在我年少時期從來不曾出現。我把林義雄家族的生死，做爲我脫胎換骨的動力。我酷嗜以革命來形容這段時期的自我改造，也許稍嫌誇大，但是一個全新思考與全新實踐的脾性已然進入我的骨髓血脈。

3.

林義雄是在一九八四年被保釋出獄，我在內心坐牢的經驗也跟著結束。秋天時，我收到寄自台灣的一冊林義雄家書《只有香如故》，那是方素敏編的。不知道他在出獄時，是如何收拾已然毀壞的家庭。書的封面，是林義雄理著光頭的近照，神情散發一股祥和之氣。那張照片，對我非常重要。細讀他的眼神，微笑，發光的面頰，我第一次體會到什麼是救贖的意義。必須穿越多少痛楚的暗夜，多少無法忍受的刑求，才能換取如此寧靜的神色，我有一種無以言說的感動。

我頗知他絕對不能倒下去，更不能落入悽苦的時光。然而，那是經過何種自我提昇的過程才能到達？閱讀他的家書，我的夢再次碎掉。發亮的匕首又一次橫在眼前。戰慄之後，我也應該學習自我救贖，使自己的囚禁也能獲得提昇。一九八五年的血案五週年，我終於寫下一首詩〈雛菊——爲給亮均亭均而作〉，那是十四行詩，最後兩段是我的心情：

這裡有小小的心，也有小小的愛
我們要讓歌聲隨著花粉傳送
也要讓沉痛的記憶深埋

過了二月，便是雷動
當滿山雛菊一朵朵次第盛開
那就是我們回到人間時無語的行蹤

寫下詩行時，握的是一枝堅定而寧靜的筆。我刻意擬仿兩位雙胞胎女孩的眼睛，回望這個醜惡的人間。會那樣寫時，我似乎也感覺自己從自囚的心獄釋放出來。我容許自己投入台灣史的研究與書寫，也容許舊有偏愛的詩集再度回到手中，更容許戰鬥的政論繼續戰鬥下去。新的旋律，新的節奏，開啓了我中年的歲月。

一九八六年夏天，我再度回到洛杉磯，爲的是拜訪旅居在那裡的林義雄。還未見面之前，我不知道應該以怎樣的方式說話。在陽光明亮的南加州窗前，我看見了林義雄。他的頭髮已經蓄起來，容顏紅潤。與一九七九年第一次見面比較，他似乎有一股內斂之氣。溫暖的晨陽，帶給我一種恍如隔世的感覺。想起那年在北地的深秋之夜，他侃侃道出自己的理想與夢時，我更加覺得那種日子已是不可能企及。坐在窗口，微風徐徐拂來，暗示這次的重逢伴隨一種看不見的祝福。看到林義雄與方素敏的交談，猶如夢中，世間似乎什麼事情都不曾發生。如此家常的景象，使我感受到所有的仇恨、怨懟、憤怒，至此已然平息下來。林義雄把我視爲認識已久的朋友，談論著極其尋常的話題。他的聲音好像進入我的心房，收拾這裡，整頓那裡。離開洛杉磯時，心靈已被徹底洗滌，我第一次眞正從惡夢中解脫。

他特地在返台之前到聖荷西來看我，那是一九八八年十二月。我們一起旅行到加州首府沙加緬度（Sacramento），站在州議會的建築之前，他似乎又陷入了沉思。追求一個健康的民主，應該是他不能放棄的夢。驅車回程時，他鼓勵我必須完成博士學位，做好返台的準備。那時，我還是列名在思想犯之中，他知道我思鄉的激切。猶記得他在一九八九年赴日本筑波大學之前，還捎來一封明信片，叮嚀我必須寫好學位論文。如兄長那般的語氣，帶給我孤寂時光中無限的暖和。

一九九二年回到台灣擔任政黨發言人的工作時，我終於與他在自己的土地相遇。漂流浮沉的記憶，變得極其遙遠。然而，經歷過那麼多的起伏轉折之後，我們的民主夢想還是持續堅守。那時他已開始籌劃反核的徒步旅行，發起「非核家園運動」。爲了這個長期運動，他撰寫一冊小書《心的錘鍊：淺談非武力抗爭》。書中引述《湖濱散記》作者梭羅的民權不服從（civil disobedience）理念。在他身上，未嘗留下絲毫苦難的痕跡。他眞正走出來，走出幽暗的死亡陰影，走出鐵絲網圍繞的心牢，領導新世代邁向反核的道路。閱讀他的文字，自有一種從容與信心。以著平靜的心情，我細細咀嚼他在書中的結語：「只要相信人類社會不應該存在任何壓制人心的暴虐行爲，或者相信人類應該向眞善

一九九六年林義雄等人前往總統府為二二八受難者默哀，與憲兵對峙。

的目標進化，那麼就會發覺現世有許多必須改變的現象，而爲了改變就必須進行抗爭。」他主張的抗爭是和平、寧靜、非武力。

一個人格的氣度與胸襟，高度與視野，並非是以空洞的言詞構築起來，而是眞正以身體力行，在歷史環境中具體實踐。他參加政黨之後，從來沒有說過任何一句庸俗廉價的語言，誠摯地爲說出的字字句句確實負責。在草根民主運動中，我看不到多少人能夠像林義雄那樣，無需浪費時間爲自己辯護，而是充分發揮時間實踐自己的理念。

在我的世代裡，林義雄是一位典範人物。寫下如此尊崇的字句，絕對沒有任何矯飾。我難已忘懷他在世紀末領導民進黨贏得總統大選，完成台灣歷史上的政黨輪替。當選總統的陳水扁奪去了太多的光環，卻未爲這塊土地留下任何值得懷念的政績。林義雄打完漂亮的選戰後，毫不遲疑辭去黨主席的職位，從此又回到他極力主張的「非核家園運動」。對於世俗權力，名聲，地位，他全然沒有眷戀。他的行動，就是他的主張。他自我塑造的形象，已遠勝過所有猥瑣的當權者。

有人把苦難折算成勳章，有人把獻身兌換成權力。林義雄選擇留下乾淨的背影，一語不發，繼續走上孤獨的道路。他甚至退出曾經領導的政黨，只因無法忍受權力人物的搖擺不定與出賣原則。生命裡，他的人格是我學習的榜樣。我走過曲折而困難的旅程，但比起他的命運，已是渺小得微不足道。我的前世與今生，以斷裂的形式留在記憶裡。如果還有痛楚殘存下來，大約可在大寒之後春分之前完成的詩行中依稀辨識。

文學叢書 201

INK PUBLISHING

昨夜雪深幾許

作　　者　陳芳明
總 編 輯　初安民
責任編輯　黃筱威
美術編輯　黃昶憲　陳文德
校　　對　黃筱威　陳芳明

發 行 人　張書銘
出　　版　INK印刻文學生活雜誌出版有限公司
新北市中和區中正路800號13樓之3
電話：02-22281626
傳眞：02-22281598
e-mail : ink.book@msa.hinet.net
網　　址　舒讀網http ://www.sudu.cc

法律顧問　漢廷法律事務所
劉大正律師
總 代 理　成陽出版股份有限公司
電話：03-2717085（代表號）
傳眞：03-3556521
郵政劃撥　19000691 成陽出版股份有限公司
印　　刷　海王印刷事業股份有限公司

出版日期　2008年 9 月　初版
2011年12月 1 日 初版五刷
ISBN　978-986-6631-09-2
定　　價　290元

國家圖書館出版品預行編目資料

昨夜雪深幾許 / 陳芳明著；
--初版,--新北市中和區：INK印刻文學,
2008.09　面；　公分（文學叢書；201）
ISBN 978-986-6631-09-2（平裝）
1. 陳芳明　2.台灣傳記　3.回憶錄
783.3886　　97006433